古代天皇誌

千田 稔
Senda Minoru

東方出版

●目次

神武天皇　じんむ
日向から橿原への伝承物語 *7*　一人でなく複数人物の寄せ集めか *8*

欠史八代
葛城地域と王権成立に問題提示 *12*

崇神天皇　すじん
もう一人の初代天皇 *14*　和泉との関係深いオオモノヌシ *16*
謀反を予言した倭迹迹日百襲姫 *18*

垂仁天皇　すいにん
予知的な意味をもつ夢で皇位継承 *21*
ヤマトヒメの足どりと壬申の乱の行軍路 *23*

景行天皇　けいこう
倭は国のまほろば *26*　望郷の「倭」は〝奈良盆地の一部〟か *28*

成務天皇　せいむ
太陽を軸とする成務紀の宇宙観 *31*

仲哀天皇と神功皇后　ちゅうあい・じんぐう
神の言葉に背き怒りに触れ急死 *34*　神功皇后は卑弥呼ではなかった *36*

応神天皇　おうじん
新王朝のトップバッターか *39*

仁徳天皇　にんとく
実在性高い君主像 *42*　呼び名から推測「陵」は鳥の形？ *44*
葛城氏の政治力、天皇と拮抗か *46*

履中天皇　りちゅう
兄弟の間で皇位めぐる争い *49*　「磐余稚櫻宮」名の由来は案出!? *51*

反正天皇　はんぜい
聖なる水の湧く淡路島で誕生 *54*

允恭天皇　いんぎょう
即位の水 *57*　天皇めぐる女性の立場を垣間見る *59*

安康天皇　あんこう
皇位継承争いや末弟の妃探し *62*

雄略天皇　ゆうりゃく
天皇としての特別な存在感 *65*　泊瀬の朝倉宮の立地に注目 *67*
伊勢の地との関わりの伝承 *69*　宋から与えられた王の称号 *71*
道教の中核をしめる神仙思想 *73*

清寧天皇　せいねい
繰り返される皇位継承の争い *76*

顕宗天皇　けんそう
月神と日神は海の彼方から伝来 *79*

仁賢天皇　にんけん
後継の兄は石上広高宮で即位 *82*

武烈天皇　ぶれつ
法令の知識の一方で暴挙も *85*

継体天皇　けいたい
宮を転々…継承に強い抵抗 *88*　磐井の乱は百済と新羅の勢力争い *90*

安閑天皇　あんかん
諸国から派遣された屯倉耕作民 *93*

宣化天皇　せんか
那津のほとりに稲穀を集め収納 *96*

欽明天皇　きんめい
蘇我氏の権力が芽生える時代 *99*　百済の聖明王から仏教公伝 *101*

敏達天皇　びたつ
「内憂外患」抱え、混乱の兆しも *104*

用明天皇　ようめい
蘇我氏の内部にも複雑な事情 *106*

崇峻天皇　すしゅん
蘇我馬子に暗殺された天皇 108
推古天皇　すいこ
蘇我氏に推された初の女帝 110　上之宮遺跡は聖徳太子の「上宮」？ 112
国家のあり方を聖徳太子が提示 114　遣隋使は試験的に派遣した？ 116
舒明天皇　じょめい
皇位継承をめぐる複雑な事情 119　聖地・飛鳥の地に初めて宮を営む 121
皇極天皇　こうぎょく
政治的な絡み中継ぎで即位か 124　八角形の陵墓、死後も世界の王 126
孝徳天皇　こうとく
皇位継承のベクトル息長系に 128
「改新の詔」の信憑性めぐる条文 131　畿内の範囲と後の律令制度 133
難波長柄豊碕宮の〝大極殿〟 135
斉明天皇　さいめい
飛鳥板蓋宮で再び天皇の座に 138　多武峰の観は道教思想に基づく 140
「狂心渠」と非難された水路工事 142　遣唐使に託した国家戦略 144
難波宮に行幸さらに海路、筑紫へ 146
天智天皇　てんち
百済救援軍指揮のため長津宮に 149　世間から風刺された近江遷都 151
歌にほとばしる額田王の恋心 153　政治改革の同士、鎌足に「大織冠」 155
大海人皇子にまつわる風刺の歌 157　近江朝廷に反旗、吉野宮を出立 159
天武天皇　てんむ
大和平定し飛鳥に凱旋 161　吉野宮での誓いに深謀見え隠れ 163
藤原京の構想は実現見ないまま 165　道教の神仙思想に深い関心 167
堅固な中央集権体制を目指す 169　『古事記』の完成待たずして死去 171

持統天皇　じとう
察知されていた大津皇子の謀反 174　正式に即位、藤原宮に移る 176
高天の原望み政務のエネルギーに 178

文武天皇　もんむ
天武天皇の孫わずか一四歳で即位 181　中断していた遣唐使復活 183
藤原京の完成直後、遷都議論 185

元明天皇　げんめい
不改常典に従った中継ぎ女帝即位 188
平城京遷都への圧力に抗しきれず 190　藤原宮を去る寂しさ 192
私的な空間で編まれた『古事記』 194

元正天皇　げんしょう
中継ぎ即位を自認、藤原氏に憎悪 197
権力の重心は藤原氏から皇親勢力に 199

聖武天皇　しょうむ
平城京町並みをリニューアル 202　長屋王自害は皇親派追討の戦略 204
統治の万全を期す天平の元号 207　藤原広嗣の乱と東国行幸 209
国家統治の新理念を切り開く決意 211　平城京から離れる方法を模索 213
光明皇后の思い実現させる恭仁京 215
行基を評価する「天平十三年記」 217　政治理念の変化から大仏造立 220
恭仁京完成も難波宮を皇都に 222　仏教のもとで行う国家統治 224

孝謙天皇　こうけん
皇太子の地位から即位した女帝 227　橘奈良麻呂の反乱計画が発覚 229

淳仁天皇　じゅんにん
「保良宮」行幸を契機に崩れた蜜月 232

称徳天皇　しょうとく
国家統治に聖徳太子の理念継承　*235*
宇佐八幡の「神託」に心揺るがす　*237*

光仁天皇　こうにん
皇統、天武系から天智系に変わる　*240*

桓武天皇　かんむ
延暦三年一一月一一日、長岡京遷都　*243*

あとがき　*247*

神武天皇

日向から橿原への伝承物語

『古事記』『日本書紀』とも初代天皇は、いうまでもなく、神武天皇であることは、よく知られています。ただ常に、人々の話題になるのは、実在の天皇かどうかです。そのような問いかけに容易に答えることはとてもできません。神武天皇の生誕は、神話の巻（巻第二神代下）で語られています。名前をカムヤマトイワレヒコ（神日本磐余彦）のミコトとあります。この名前の意味も、考えねばならない問題なのです。

巻第三が神武天皇紀（『日本書紀』の神武天皇について書かれた部分をこのように表記します。以下の天皇についても同様です）のために割かれています。ということは、『日本書紀』の編者にとっては、重きをおいていた意図がうかがわれます。

カムヤマトイワレヒコは日向《ひむか》から瀬戸内海を経て難波崎《なにわのさき》（大阪市の難波付近）に到着するとあります。日向から瀬戸内海を東に向かう様子は「神武東征」と呼ばれます。

まず最初の難題が、カムヤマトイワレヒコが日向から東に、最終的には大和に向かったという記述はどのような意味があるかということです。日向という地域を今の宮崎県に限定することはなく、鹿児島県も含まれていましたが、その地域から大和に移動する理由としては、「服属していない国がある。あるいは、四周を青い山々で囲まれた美しい国がある」ためだということです。

この理由について考えてみますと、一つには、日向あたりが政治的な中心地であったように解釈できます。そのような見方をした場合、例えば考古学的視点から、一つの「物語」が創作できないことはありません。

鹿児島県霧島市の上野原遺跡は，約九五〇〇年前にムラでの定住がなされ、約七五〇〇年前には儀式を行う場もあったとされています。縄文時代の草創期に発達した文化を形成していたこと、桜島の火山灰に覆われていたことでよく知られています。霧島連峰はニニギノミコトの天孫降臨の神話の舞台でもあり、ニニギノミコトと吾田《あた》（今日の南さつま市阿多）の女神との間に生まれた、御子たちの名前がヒコホホデミノミコト（彦火火出見尊）など、「火」という文字があてられているのは、火山と関係するのではないかと想像させます。

そして、私の物語は続くのです。カムヤマトイワレヒコが畝傍の橿原に宮をおいたのですが、畝傍山の東南、橿原神宮外苑の整備工事にともなって、昭和一三年（一九三八）から二年ばかりかけて発掘調査が行われ西日本で有数の縄文時代後期の遺跡が発見されました。

鹿児島県の縄文草創期の遺跡から、橿原市の縄文時代後期へと、神武伝承の物語を私なりに創作してみました。このような試みも文化伝播という視点から神武天皇を考える時の一つの方法ではないかと思います。

一人でなく複数人物の寄せ集めか

カムヤマトイワレヒコが日向から大和に東征したという話について、『古事記』も『日本書紀』

橿原神宮の北側にある神武天皇陵（橿原市）

も途中の瀬戸内海に関する記述があまりにも簡単すぎる印象を受けます。つまり、先にみたように、日向から大和への政治的勢力の移動ということを、短絡的に前提にしない考え方も可能なのです。

南九州の勢力から、大和の別の政治的勢力に入れ替わった、つまり今風にいえば政権交代のような伝承をスムーズに語ろうとするために、瀬戸内航路による東征という筋書きが生まれたのかもしれません。とにかく、神武伝承を歴史的に理解することは、容易なことではないのです。あくまでも、かつて、人々が伝承的に語った物語を、現代の者がそれぞれに、考えをめぐらすのがよいのではないでしょうか。

松前健氏によると、神武天皇の名前は、カムヤマトイワレヒコの他に『古事記』には、ワカミケヌノミコト（若御毛沼命）、トヨミケヌノミコト（豊御毛沼命）、『日本書紀』にも、サヌ

橿原神宮外苑周辺。整備工事にともない発掘調査が実施された（橿原市）

ノミコト（狭野尊）、ヒコホホデミノミコト（彦火火出見尊）という別名をもっているので、もともと、別々の霊格であったものを統合して一人の人物にしたのではないかと推測しています。つまり、神武天皇は一人の人物でなく、複数の者を寄せ集めて一人の人物として作り上げたのではないかということです。

『日本書紀』には、神武天皇陵のことを畝傍《うねび》山東北陵《やまのうしとらのみささぎ》と記しています。近鉄橿原線に、畝傍御陵前という駅がありますが、今日、宮内庁が治定している神武天皇陵の最寄り駅です。現在の神武天皇陵は、『橿原市史』によると、文久三年（一八六三）に廃寺跡にあてたとあります。ところが、天武紀に、壬申の乱（六七二）において、高市の県主《あがたぬし》許梅《こめ》という人物が神がかりになり、大海人皇子《おおあまのみこ》（後の天武天皇）の軍が、神武天皇陵に馬や兵器を奉ったとあります。ということは、七世紀の後半に、神武天皇陵があったということになります。そのことが、神武天皇が実在したということにはならないとしても、すでに神武天皇の伝承があり、それによって神武陵が築造されたといえます。しかしその神武陵がどれであったかは、明らかではありません。さらに、律令の施行細則を記した、平安時代に成立した『延喜式《えんぎしき》』には、神武陵である畝傍山東北陵が、大和国高市郡にあるとして、兆域《ちょういき》（墓のある区域）東西一町、南北二町とあります。墓域の大きさまでも書かれているということは、実際に神武陵があったとみなければなりません。天武紀の神武陵と、『延喜式』のそれとが、同一であるかどうかもわかりません。しかし、いずれにしても、神武伝承が、天皇陵として可視的な存在で人々の目に語りかけていたことは確かであったと思われます。

その後、いつ頃まで神武陵が人の目にとまる形であり続けたかはわかりませんが、幕末に勤皇思想が浮上し、あらためて神武陵がつくられたのでしょう。

欠史八代

葛城地域と王権成立に問題提示

『日本書紀』の第二代綏靖《すいぜい》天皇から、開化《かいか》天皇までの八代を、天皇の系譜などの帝紀《ていき》は記載されているが、事績などの旧辞《きゅうじ》が書かれていないので、欠史八代《けっしはちだい》とよびます。その点で虚構性が高い記述とみなされてきました。しかし、天皇の実在性の問題よりも、欠史八代の記事から垣間見る歴史的な状況は、今後検証する余地があります。

『日本書紀』にしたがって、欠史八代の天皇の宮と陵墓、そしてそれらの伝承地を列挙しましょう。陵墓については、宮内庁の『陵墓要覧』などによります。

・綏靖天皇「葛城の高丘宮《たかおかのみや》（御所市森脇）。倭の桃花鳥田丘上陵《つきだのおかのうえのみささぎ》（神武陵の北隣り）」
・安寧《あんねい》天皇「片塩の浮孔宮《うきあなのみや》（大和高田市三倉堂《みくらどう》）。畝傍山《うねびやま》の南の御陰井上陵《みほといのへのみささぎ》（橿原市吉田町）」
・懿徳《いとく》天皇「軽《かる》の曲峡宮《まかりおのみや》（橿原市大軽《おおかる》）。畝傍山の南の織沙谿上陵《まなごのたにのかみのみささぎ》（橿原市西池尻町）」
・孝昭《こうしょう》天皇「掖上《わきかみ》の池心宮《いけごころのみや》（御所市池之内）。掖上の博多山上陵《はかたやまのうえのみささぎ》（御所市三室）」
・孝安《こうあん》天皇「室の秋津嶋宮《あきつしまのみや》（御所市室）。玉手丘上陵《たまてのおかのうえのみささぎ》（御所市玉手）」
・孝霊《こうれい》天皇「廬戸宮《いおりどのみや》（磯城郡田原本町黒田）。片丘の馬坂陵（北葛城郡王寺町本町）」
・孝元《こうげん》天皇「軽の境原宮《さかいはらのみや》（橿原市の大軽）。剣池嶋上陵《つるぎのいけのしまのえのみささぎ》（橿原市石川町）」
・開化天皇「春日率川宮《かすがいさかわのみや》（奈良市）。春日率川坂本陵（『延喜式』は春日率川坂上陵＝奈良市油

神武天皇陵の北側にある綏靖天皇陵（橿原市）

坂町）」

ここにあげた欠史八代の天皇の宮と陵墓をみて気がつくのは、開化天皇を除いて、奈良盆地の南西部、とりわけ葛城地方と橿原市や田原本町あたりに中心地があるとしていることです。

このことから、三輪山の麓に王権が成立する以前に葛城王朝が存在したという仮説が、鳥越憲三郎氏（一九一四〜二〇〇七）によって提唱されました。近年発掘された御所市の古墳時代前期（四世紀前半）頃の秋津《あきつ》遺跡は、注目すべきだと思います。方形の塀状の遺構（方形区画施設）がこれまで七基検出され、その内部には棟持柱《むなもちばしら》をもつ掘立柱《ほったてばしら》建物が多数見つかりました。遺跡の性格について、軽々に語られるべきではないと思いますが、葛城地域が、ヤマトにおける王権の成立とどのような関係にあったかという、大きな問題が提示されたことは事実です。

崇神天皇

もう一人の初代天皇

崇神《すじん》天皇になると、実在性があるとする説が強くなる傾向があります。それは、『日本書紀』に御肇国天皇《はつくにしらすすめらみこと》、つまり、はじめて国を治めた天皇と書かれているからです。『古事記』にも所《はつ》知初国天皇《くにしらししすめらみこと》とあります。ところが神武天皇についても始馭天下之《はつくにしらす》天皇《すめらみこと》と『日本書紀』にあります。どちらが、初代天皇と認識されていたかは、文字による限り判然としません。おそらく、神武天皇の記事には、誕生などについて神話的要素から抜け出ていないのに対し、崇神天皇については、現実味を帯びてくるという、ある種、印象論的なものが、歴史の解釈に混入しているように思われます。その点をふまえて、崇神紀を読んでみることにしましょう。

磯城の瑞籬宮《みづかきのみや》にて、天下を治めたとありますが、その具体的な所在地は、全くわかりません。桜井市金屋という説がありますが、納得できる証拠は、何もありません。この宮の記事に続いて天皇の詔が書かれています。それは、「わが皇祖である、もろもろの天皇たちが、位についたのは、自分のためだけではない」とあります。さきにあげた崇神天皇を初代天皇とする記述とあきらかに矛盾することに、とまどってしまいます。素直に解釈すれば、崇神天皇のまえにも天皇（実体としては大王とよばれた）が存在したということになります。それが、前項の欠史八代のことかどうかは、わかりません。

病気が流行し、人口の半分もの死者がで、住地から逃亡したり、政治に背く者もでてきて、天皇の悩みは深まっていくばかりでした。そこで神浅茅原《かむあさぢはら》（桜井市茅原か）に八百万《やおよろず》の神を集めて、占いをしました。このとき、神明《かみ》倭《やまと》迹《と》迹《と》日《ひ》百《もも》襲《そ》姫《ひめ》の命《みこと》が神がかりとなり、その神から、私を敬いまつれば、国が平穏になるというお告げがありました。そこで、天皇は、神の名前をたずねたところ、オオモノヌシ（大物主）の神であるという答えがかえってきました。

天皇は、身体と、宮殿を浄めて祈りましたが、何の反応もなかったので、夢のなかで教えて欲しいと、オオモノヌシの神に懇願したところ、その夜の夢に一人の貴人があらわれ、宮殿のほとりに立って、自らオオモノヌシと名のり、「天皇、愁えることはない。国が治まらないのは、私の思いによるのだ。もし、私の子である大《おお》田田根子《たたねこ》が、私をまつれば、立ちどころに平穏になる。また海外の国もおのずから、服するにちがいない」と言われました。天皇の身近に侍るものも、同じ夢をみたこともあって、天皇は大変喜びます。

三輪山の南麓にある崇神天皇の磯城瑞籬宮の伝承地（桜井市金屋）

　そこで天皇は大田田根子を、天下に告げて探したところ、茅渟《ちぬ》（和泉地方の古い呼び方）の県《あがた》（天皇家の御料地）の陶邑《すえのむら》で見つけられて、天皇のもとに貢《たてまつ》られました。

オオモノヌシを祀る大神神社（桜井市）

陶邑は、泉北丘陵一帯にまたがる五世紀前半から一〇世紀にかけて須恵器が作られた古代の日本最大の古窯址群です。なぜ、陶邑とオオモノヌシが関係あるのでしょうか。

和泉との関係深いオオモノヌシ

オオタタネコ（大田田根子）に向かって天皇は、「誰の子か」とたずねたところ、「父はオオモノヌシの大神で母はイクタマヨリヒメ（活玉依姫）で、スエツミミ（陶津耳）の娘です」と答えました。母がスエツミミの娘であるということから、陶邑とのつながりが推定できますが、別名として、クシヒカタアマヒカタチヌツミ（奇日方天日方茅渟祇）の娘とありますので、やはり茅渟地方、つまり和泉との関係があるとみてよいでしょう。ということは、オオモノヌシの関係が和泉あたりまでひろがっていたとみることができます。物部氏の作ったたくさんな平瓮《ひらか》

(平たい土器の皿)をお供えしてオオタタネコをオオモノヌシをまつる神主とし、長尾市《ながおち》を、倭大国魂神《やまとのおおくにたまのかみ》をまつる神主とし、さらに八百万の神々をまつり、国内は平穏となり、五穀も豊作となったと、『日本書紀』には書かれています。

和泉の陶邑で作られた須恵器が、三輪山の山麓で出土することが、考古学的に注目されています。そのことを最初に指摘したのは佐々木幹雄さんです。それを受けて寺沢薫さんは、三輪山麓の須恵器は、陶邑に窯が開かれ、数十年を経て須恵器生産が定着し、日本化した五世紀中頃に対応して一気に搬入されてくるので、オオタタネコ説話の原像は、この時をおいて他にはないと述べています。

オオタタネコのオオモノヌシ祭祀の伝承を五世紀中頃とすれば、仁徳朝以降としなければなりません。つまり崇神紀の記事は、必ずしも同年代のことが書かれているわけではないのです。

大神神社《おおみわ》は、酒の神としてもよく知られています。造り酒屋さんの入り口に、大きな杉玉がつられています。神社で授かるのですが、「しるしの杉玉」とよばれます。「しるし」とは霊験あらたかという意味です。

天皇はオオタタネコにオオモノヌシをまつらせ、神にささげる酒をあつかう酒人《さかひと》が天皇に酒を献上し、歌をよみました。

此の神酒《みき》は　我が神酒ならず　倭成《やまとな》す　大物主の　醸《か》みし神酒　幾久《いくひさ》　幾久

この神酒は、私の作った神酒ではない。倭の国をお治めになっているオオモノヌシがお造りになった神酒である。いつまでもひさしく栄えよ、栄えよというのが歌の意味です。

この歌のあと神の宮で、宴会が始まります。そして酒宴が終わると、身分の高い参会者たちはごきげんになって歌います。

味酒《うまさけ》　三輪の殿《との》の　朝門《あさと》にも出《い》でて行かな　三輪の殿門《とのと》を

味酒は三輪にかかる枕詞です。一晩飲み明かして、三輪のやしろの朝の門を通って出ていこうという雰囲気の歌でしょう。

天皇も歌をよみます。

味酒　三輪の殿の　朝門にも　押し開かぬ　三輪の殿門を

朝になったから、社殿の門を押し開いて帰りなさい、という意味でしょうか。

謀反を予言した倭迹迹日百襲姫

崇神紀で見落とすことができないのは、ヤマトトトヒモモソヒメ（倭迹迹日百襲姫）の命《みこと》です。ある時このようなことがありました。もちろん事実かどうかはわかりません。

少女が「天皇は、自分の命を狙われているのも知らないで、姫遊び（若い娘と戯れること）」と歌っているのを、四道将軍として派遣された大彦命《おおびこのみこと》が、今の天理市の和爾付近で耳にして、少女にその歌の意味をたずねますが、「ただ、歌っているだけです」という答えしか返ってきませんでした。そのことを聞いたヤマトトトヒモモソヒメは、天皇に「孝元天皇の皇子であるタケハニヤスヒコ（武埴安彦）が、謀反を起こす予兆でございます。私が聞いたところによりますと、タケハニヤスヒコの妻であるアタヒメ（吾田媛）がひそかに、香具山の土を取って、領巾《ひれ》（盛装し

女王卑弥呼の墓との説もある箸墓古墳（桜井市）

た女性が肩にかけ、左右に長くたらした薄い布）の端につつんで、『この土は、倭《やまと》の国の物実《ものしろ》（ものを作ったシンボル的なもの）』と、言って帰って行きました。このことで、私は事件が起こりそうだとわかったのです。早く対策を講じないと、後れをとります」と申し上げました。ヤマトトトヒモモソヒメの進言で反乱はおさえられました。

その後、ヤマトトトヒモモソヒメは、オオモノヌシの神の妻になりましたが、神は昼にやってこないで、夜にのみやってきます。ヤマトトトヒモモソヒメは、夜だから夫の顔がはっきりと見えないので、しばらく留まって、朝に美しい姿を見たいと申しました。そこで神は「よくわかった。明日の朝、あなたの櫛笥《くしげ》（櫛などの簡単な化粧道具を入れておく箱）に入っておこう。どうか、私の姿に驚いてはならぬぞ」と言いましたので、ヤマトトトヒモモソヒメは心中、不安な思いがこみあげてきました。

朝になってヤマトトトヒモモソヒメが櫛笥を開けたら、まことに、美しい小さなヘビがいるではありませんか。ヤマトトトヒモモソヒメは驚き、叫びました。神はたちまち人の姿になり、妻に向かって、「私に恥をかかかせた。報復しておまえに恥をかかせるぞ」と言って、三輪山に登っていきました。ヤマトトトヒモモソヒメは、仰ぎ見て、後悔して座り込んでしまいました。その時、箸が陰部にささって亡くなってしまい、大市《おおち》に葬られました。その墓を、時の人は箸墓と名付けました。この墓は昼は人が作り、夜は神が作り、大坂山（二上山の北側の山）の石を、人々が立ち並んで、手から手へと運んだということです。

箸墓は、桜井市箸中にある全長二七五メートルの前方後円墳で、考古学者の中には、邪馬台国の女王卑弥呼が葬られているという説を唱える人もいます。さらに、ヤマトトトヒモモソヒメこそ、卑弥呼だという説もあります。箸墓は、後円部頂上部分が全面に石を厚く積んだ特異な構造であったことが、かつての宮内庁の調査で確認されていたことも報じられましたが、箸墓の全容はわかりません。

卑弥呼は『日本書紀』では孝霊天皇の皇女ということになっています。もし、ヤマトトトヒモソヒメが卑弥呼とすれば、崇神天皇は、「魏志倭人伝」に書かれている「男弟」とみる見解もありますが、さらに、検討を加えねばならないと思います。

垂仁天皇

予知的な意味をもつ夢で皇位継承

崇神天皇は、オオモノヌシの夢をみて、国の治めるべき方法について示唆を受けましたが、皇太子を指名するにあたって、二人の皇子である、豊城命《とよきのみこと》と活目尊《いくめのみこと》に夢をみさせて、その夢で占うことにしました。兄の豊城命は、三輪山に登って東に向かって八回槍を突き出し、八回刀を空に振る夢をみました。弟の活目尊は、三輪山に登って縄を四方に張って粟を食べる雀を追い払う夢をみました。そこで崇神天皇は兄は東国を治め、弟は四方に臨んでいたから、自分のように天皇の位を継ぐように言い渡しました。この弟の活目尊が垂仁天皇にあたります。

夢占いというのは、いかにも非合理的のように現代の私たちは思いがちですが、今日の臨床心理学でも夢の分析に注意が払われていることからも、そんな簡単に退けてよいものではないと私は思います。

崇神天皇について述べた時に、タケハニヤスヒコ（武埴安彦）の謀反伝承にふれましたが、垂仁紀も謀反のことを伝えています。狭穂姫《さほひめ》とよばれた皇后の同母兄である狭穂彦王《さほひこのみこ》が謀反を起こして国を傾けようとします。狭穂彦王は、皇后に「おまえは、夫と兄とどちらを愛しているか」と問いかけます。皇后は、たずねられた意味がわからないまま、「兄様を愛しております」とこたえてしまいます。

創祀は『日本書紀』の神代にさかのぼると伝えられる久米御縣神社《くめのみあがた》(橿原市久米町)

兄は「容色でもって天皇に仕えたとしても、いずれ老いたら容色は衰え、天皇の寵愛はうけられない。私が皇位につけば、おまえとともに天下に君臨し、快く過ごせるではないか。私のために、天皇を殺してくれないか」と言って、皇后に短剣を手渡します。

皇后の悩みは深く、天皇が来米《くめ》(橿原市久米付近か)に行幸した際、天皇が皇后の膝枕で昼寝をしている時に、皇后は「兄が反乱するのは、この時をおいてない」と思いつつ、流れ出た涙が天皇の顔に落ちました。目をさました天皇は「私は、今夢をみていた。錦色の小さな蛇が、首にまつわっていた。そして大雨が皇后の狭穂姫から降ってきて私の顔を濡らすというのは、何の前兆なのか」と言いました。

ここでも、夢が反乱伝承の予知的な意味をもって語られています。このように、予兆としての夢が伝承的な物語の中にでてくるのを、現代の私たちは、どのように受け止めたらよいのでしょうか。近代科学が生み出した技術に囲まれて日常生活を営んでいるために、本来、人間がもっていた鋭い感性が劣化したように思うことがあります。

謀反の結末を簡単に記しておきましょう。兄の狭穂彦王は、稲を積んで作った堅固な稲城《いなき》（稲を積んで作った城）で、天皇の軍勢に防戦します。皇后は「兄が殺されたら、私は何の面目があって天下に望むことができようか」と言って王子を抱いて兄のいる稲城にはいります。兄の罪は妹の皇后の罪でもあると、皇后は兄の狭穂彦王とともに、燃え盛る稲城の中で死にました。

ヤマトヒメの足どりと壬申の乱の行軍路

『日本書紀』によりますと、垂仁天皇の宮は、纒向《まきむく》の珠城宮《たまきのみや》とあります。次の景行天皇も纒向に日代宮《ひしろのみや》を営むとあります。纒向といえば、ここ数年来、邪馬台国の女王・卑弥呼の宮殿があったかもしれないと、話題をよんでいるところですが、その纒向に垂仁・景行天皇の宮があったとすると、卑弥呼が亡くなったのが二四八年頃として、垂仁・景行天皇と、年代的にどのような関係になるかを検討する必要があります。纒向で近年発掘によって検出された整然とした建物の遺構が、垂仁・景行天皇の時代のものではないという明確な説明がどうしても必要になってきます。

卑弥呼については、「魏志倭人伝」で絶対年代によって語ることができるのですが、大和の初期王権の年代を定めるのが難しいということは、邪馬台国について考えるときに十分注意してお

宮内庁が治定する垂仁天皇陵（奈良市）

かねばならないと思います。

『日本書紀』の垂仁紀には、アマテラス大神が伊勢にまつられた経緯についての伝承が書かれています。ヤマトヒメノミコト（倭姫命）はアマテラス大神が鎮座するにふさわしい場所を求め、宇陀から近江、さらに美濃を巡り、ついに伊勢に至ります。アマテラス大神は、ヤマトヒメノミコトに「この伊勢の国は、仙人たちの住んでいる常世《とこよ》の浪《なみ》が繰り返し押し寄せてくるところである。大和の国のそばにある美しい国である。だから、この国におりたい」と言いました。

なぜ、伊勢にアマテラス大神がまつられたかについては、実際には別の理由があったと思われますが、ここでは『日本書紀』の記事をあげるにとどめておきます。ただ、アマテラス大神が鎮座の地を求めて大和から伊勢に至るルートについて、はっと、お気づきになったでしょうか。そうです。そのルートは壬申の乱で吉野を出発した大海人皇子（後の天武天皇）の行軍の道のりとほぼ一致するのです。近江は敵方の地ですから通っていませんが、宇陀から美濃に向かっていることは確かです。そして大海人皇子は、今の三重県の北部を流れる朝明川あたりからアマテラス大神を望拝しているのです。ということは、垂仁紀の記事は、大海人皇子の壬申の乱の行軍記事をもとにして書かれたのではないかというのが私の考えです。

垂仁紀には、もう一つ常世の記事がでてきます。天皇は、田道間守《たじまのもり》という人物を常世の国に遣わして、「非時《ときじく》」の「香菓《かぐのみ》」を取りに行かせます。非時とは、季節を問わない、いつでもという意味です。香果とは、橘のことであると、『日本書紀』の注にあります。常世の国は、不老不死の仙人たちが住んでいるところですから、橘を食べることによって天皇の病気が治ることを期待したのですが、田道間守がそれをもち帰ってきた時は、天皇は亡くなっていました。

垂仁天皇陵は、菅原伏見東陵《すがはらのふしみのひがしのみささぎ》といい、宮内庁は奈良市尼辻町の全長二二七メートルの前方後円墳を垂仁陵と治定しています。周濠に浮かぶ小島を田道間守の墓と伝えますが、もともとはなかったと言われています。周濠に強い波がたったときに、波の衝撃を弱めるために後世、築かれたものではないかと思います。

景行天皇

倭は国のまほろば

景行天皇は、垂仁天皇の子で、母は垂仁天皇の皇后、ヒバスヒメノミコト（日葉酢媛命）です。宮内庁が治定するヒバスヒメ陵は平城山《ならやま》の佐紀《さき》盾列《たたなみ》古墳群にあります。景行紀は、主として日本列島において、天皇に背く集団を服属させるという伝承が書かれています。特に、九州に征討に向かい、熊襲《くまそ》などを平定して、今日の宮崎県児湯《こゆ》郡あたりで東の方を望み「この国は、まっすぐ、日の出る方向に向かっている」と言って、その国を日向《ひむか》と名付けたと『日本書紀』にあります。

そして、天皇は大和をしのんで三首の歌をよみます。

愛《は》しきよし　我家《わぎへ》の方ゆ　雲居立ち来《く》も（ああ、わが家の方から雲がたちあがってきたよ）

倭《やまと》は国のまほらま　畳《たた》づく　青垣　山籠《こも》れる　倭し麗《うるわ》し（大和は国の中でもっともすぐれているところ。青い垣のように山が包んでいる大和の国は実に神々しい）

「まほらま」の意味について説明しておきましょう。最初の「ま」は接頭語です。「ほ」は「優れているもの」。「ら」は「漠然と場所を示す接尾語」、「ま」は接尾語です。ですから「ほ」にのみ意味があるのです。もともと「まほらま」という言葉があって、「まほろば」は、「まほらま」から転じた言葉です。

三首目の歌はつぎのようです。

平城山の佐紀盾列古墳群にあるヒバスヒメ陵古墳（奈良市）

命の全《また》けむ人は　畳薦《たたみこも》　平群《へぐり》の山の　白檮《しらかし》が枝《え》を　髻華《うず》に挿せ　此の子〈元気な者たちよ、〈畳薦は枕詞で「へ」にかかる〉この平群の山の白檮の枝を髻華《かざし》として髪に挿せ。この子よ〉

　これら三首の歌は、よみなどに少し違いがありますが、『古事記』にもあります。しかし、『古事記』では景行天皇の皇子ヤマトタケルが死に瀕してよんだ歌となっています。右の『日本書紀』の歌が景行天皇の歌とされていることと、異なります。これらの歌は、『古事記』のヤマトタケルの悲しみの歌として、「倭は国のまほろば」と口ずさまれてきました。

　さらに、歌の順序としては、ここにあげた一首目の歌は、『古事記』では三首目となっています。そして、歌の形式から言えば、五・七・七で、片歌《かたうた》と分類されます。片歌の成立について、議論がありますが、ここでは触れないでおきましょう。

さて、二首目の歌が、親しまれている歌です。『古事記』と『日本書紀』では、先に記しましたように、場面も歌い手も異なるのです。なぜでしょうか。簡単に言えば、『古事記』も『日本書紀』も、史実ではなく、物語として書いているからなのです。「倭は国のまほろば（まほらま）……」というよく知られた歌があり、『古事記』と『日本書紀』の編纂《へんさん》者はどこにもってこようか、構想を練ったと思います。その結果が、ヤマトタケルと景行天皇の歌にわかれてしまったのです。では、よく知られた歌としてあったのはなぜでしょうか。それは、おそらく、天皇（大王）の即位儀礼のような時に歌われた国見の歌だからです。「支配者が国を見る」という行為は、「見る」という呪力によって、土地の霊気と交わることだったと考えられます。

望郷の「倭」は〝奈良盆地の一部〟か

「倭は国のまほらま（以下、まほろばに統一します）」と歌われた「倭」はどこでしょうか。大和の国、少なくとも奈良盆地ではないかと思われている方が多いと思います。そのように解釈してもよいと思いますが、歴史学者の直木孝次郎さんは、倭を奈良盆地の一部、具体的には、かつての磯城郡（桜井市から現磯城郡にかけて）と十市郡（橿原市の一部）の地域ぐらいとしてとらえてはどうかと問題提起をしました。

律令時代には、大和国城下《しきのしも》郡に大和郷とよばれる土地がありましたが、本来のヤマトは、旧磯城郡と旧十市郡あたりと思われます。この狭義のヤマトが「倭は国のまほろば」の「倭」ではないかというのが直木さんの考えです。

ヤマトタケルの白鳥伝説が残る大和琴弾原（御所市）

ですから、「国のまほろば」の「国」は奈良盆地ぐらいの範囲だということになります。大変魅力的な説です。ただ、「……畳づく　青垣山籠れる　倭し麗し」は、「倭」が青垣の山にこもっているという風景の表現で、狭義のヤマトから眺める風景には見えないのではないかとも思われるのです。しかし、直木さんは、東は三輪山から春日山への連山を負い、南・西・北も若干の地域を隔てているが、やはり山々が連なっているので、青垣のような山々に取り囲まれていると歌っても、別に不思議ではないと言います。

このように「まほろば」を理解しますと、近年、まるで、大和国＝奈良県＝まほろばのごとく解釈し、いろいろなところに「まほろば」という言葉が使われていることに、考えさせられる時があります。

さて、まほろばの歌に続いて、平群の白檣

の歌が載せられています。なぜ、白橿（『古事記』では、熊白檮《くまかし》）の歌がくるのでしょうか。その解釈としては、『古事記』の場合ならば、死に直面するヤマトタケルが故郷の倭を思慕するとともに、「命の全《また》けむ人」つまり、元気な者に対する思慕という関係であるという説もあります。

ところが、『日本書紀』の場合は、景行天皇が死にむかっているのではありませんから、「命の全けむ人」とよびかけるのは、不自然な感がします。『日本書紀』の編者が、『古事記』の歌に引っ張られたのかもしれません。

景行天皇の九州地方の征討は続くのですが、熊襲を服属させることができませんでした。そこで皇子のヤマトタケルノミコト（日本武尊）が熊襲を平定するために派遣され、目的を果たして帰りましたが、再び東国の夷狄《いてき》を討つ役目を引き受けました。途中で伊勢神宮に参拝し、倭《やまと》姫命《ひめのみこと》から草薙剣《くさなぎのつるぎ》を授かります。

これより、景行紀はヤマトタケルの物語に重きをおいて語られます。『古事記』同様、尾張のミヤズヒメと結婚して、伊吹山の神と対決することになります。『古事記』では伊吹山の神は白いイノシシですが、『日本書紀』では大蛇となっています。その神を神とも思わなかったことでヤマトタケルに災難が襲いかかり、亡くなった皇子の霊は白鳥となって飛び去ります。『日本書紀』では、白鳥がとどまった地として、三重県亀山市の能褒野《のぼの》陵、御所市の大和琴弾原の「陵」、大阪府羽曳野市の河内国旧市邑《ふるいちむら》の「陵」の三陵をつくったとあります。

成務天皇

太陽を軸とする成務紀の宇宙観

成務紀の記事は簡略すぎるので、成務天皇の実在を疑う説が有力です。とりあえず、天皇の事績についての記述をとりあげてみましょう。

「自分が皇位を継いで以来、おそれ、おののいている。ところが人民どもは、うごめく虫のごとく、野心を改めることはない。このようになっているのは、国郡に君長《ひとごのかみ》にあたる人物がいないし、県《あがた》邑《むら》に首長がいないからである。これからは、国郡に長をおき、県邑に首長をおく。すなわち、当該の地区のふさわしい者を、採用して首長に任命せよ。このようにすれば、王城の地を囲い込む垣となるだろう」。こう天皇は言いました。

そして諸国に命令し、国郡に造長《みやつこおさ》を、県邑に稲置《いなぎ》を任命しました。

行政区画として、ここにあがっている「国郡」とか「県邑」という名称は、古代にも、あるいはその後にも使われたことはありません。律令時代になって、「国」とその下に「郡」からなる行政上の区画は成立しました。それ以前には、後にふれる国造《くにのみやつこ》の支配する国がありました。さらに「県《あがた》」とよばれる区域はありましたが、行政区域ではなく、天皇家の御料地的な性格をもつ土地でした。

中国の『隋書』の「倭国伝」には、「軍尼《くに》一二〇人あり、八〇戸に一伊尼翼（冀?）を置き、

平城宮跡の北側にある成務天皇陵古墳（奈良市）

十伊尼翼（冀？）は一軍尼に属する」と書かれています。「軍尼」とは、国のことですが、この場合は、国を管理する「国造」のことで、伊尼翼（冀？）は、先に記した「稲置」のことと解釈できます。『隋書』「倭国伝」は、わが国の推古朝のことを記しているとみられますので、それより以前の時代として『日本書紀』がみなしている成務天皇の時代のことと理解することは、むずかしいと思います。また、成務紀には「県邑に稲置を任命する」とありますが、「県」の管理者は「県主《あがたぬし》」とよばれました。稲置という職があったことは、例えば「闘鶏《つげの》稲置《いなぎ》大山主《おおやまぬし》」という人名が『日本書紀』にもみられることや、天武天皇の時代に成立した「八色《やくさ》の姓《かばね》」という序列制において最下位の八番目に「稲置」が位置したことから推定できますが、実体は、よくわかりません。

　さらに成務紀には、「山や河を境として、国《くに》県《あがた》を区画し、阡陌（たたさのみち・よこさのみち）によって邑里《むら》を定めた」とあります。上位の行政区画である国県は、山や河という自然的なもので境界とし、その下の邑里は、阡陌、つまり南北、東西の道路で、その範囲を設定したとあります。後の時代ならば、諸国の範囲を確定し、農耕地の区画であった碁盤目状の条里制という土地割でもって村の区域を決めたこともあり得たと思われますが、成務紀の叙述として語られるには、年代的に早過ぎると考えられます。

ただ、私が成務紀で注目するのは「東西を日の縦、南北を日の横」とする記事です。後世、中国文化の影響のもとで、南北が上位の方向で、東西が下位の方向とされました。平城京の南北に走る朱雀大路がメインストリートとされることからも明らかで、北には天皇の宮が配置されました。北極星を中心とする宇宙観で、南北が縦と認識されました。成務紀には、太陽を軸とする宇宙観が示されているのです。

仲哀天皇と神功皇后

神の言葉に背き怒りに触れ急死

仲哀天皇は、ヤマトタケルの第二子であると『日本書紀』に記されています。天皇は群臣に向かって「私が元服もしていない時に父王が亡くなられた。その時、父は神霊《みたましい》となって天にのぼられた。偲ばないことは、一日としてなかった。できることなら、白鳥をとらえて、御陵の周囲の池で飼養して、なぐさみとしたい」と言いました。そこで、白鳥を貢ぐように諸国に命じました。

越国《こしのくに》が白鳥四羽を献上する道中で、天皇の異母弟蘆髪蒲見別王《あしかみのかまみわけのみこ》に奪われました。そこで天皇は、兵を遣わして異母弟を殺しました。時の人は「父は天であり、兄は君である。天をあなどり、君に背けば、どうして、誅《つみ》を免れることができようか」と言いました。

天皇が白鳥を御陵の周囲の池で飼いたいと願ったという伝承から、私は、古墳の周濠に水鳥の埴輪が置かれていた理由がわかった気がしました。奈良県広陵町の巣山古墳や、大阪府藤井寺市の津堂城山古墳の水鳥型埴輪は、よく知られていますが、死者の霊を思い浮かべるよすがであったと考えてよいと思います。

景行天皇やヤマトタケルが九州の熊襲を征討する物語については、すでに述べましたが、仲哀天皇も、熊襲が背いて朝貢しなかったので、橿日宮《かしひのみや》（福岡市）に滞在し、討とうとすることを群臣にはかりました。

水鳥型埴輪が出土した巣山古墳（広陵町）

その時、神があらわれて、皇后に神がかって「天皇は、どうして熊襲が服属しないことを憂えているのか。そこは、不毛の土地だ。兵を挙げて征伐するほどのこともない。この国よりまさって宝のある国で、処女が薄墨で描いた細い眉でもって、こちらを向いているような国がある。眼をかがやかせる金・銀や色とりどりに輝くものが、その国にある。その国は新羅という。もし自分を丁寧にまつれば、刀を血で汚すことなく、その国は自然と服属する。また、熊襲も従うであろう。まつる時には、天皇の船と大田という穴門直践立《あなとのあたいほむたち》なる人物が献上した水田をお供えしなさい」と告げました。

神の言葉を聞いた天皇は疑い、高い山に登って、大海のはるか向こうを望みましたが、遠くて、国らしきものも見えませんでした。そこで天皇は、神に「私が周囲を見回したが、海のみ見えて国は見えない。まして大空に国なんか、あるものか。私をあざむくのは、何という神なのか。皇祖の諸天皇は、すべての神をおまつりなさった。残っている神はないはずだが」と言いました。

また、神が皇后にかかって「水に映る影のように、自分が見下ろしている国なのに、どうして国がないと言ってそしるのか。天皇が信用しないならば、あなたは、その国を獲得できないだろう。ところが今、皇后が、はじめてご懐妊になった。その子がその国をえるであろう」と語りました。ところが天皇は、なおも信用しないで、強引に熊襲を討ちました。神の言葉に背いた天皇は、すぐさま病気になり、翌日亡くなりました。

以上は仲哀紀によって大筋をまとめたのですが、これに続いて、神功皇后紀となります。『日本書紀』において、唯一、皇后について書かれている章が立てられているのです。『日本書紀』の編纂方針として、わざわざ神功皇后紀を設けたのはなぜでしょうか。

神功皇后は卑弥呼ではなかった

『日本書紀』において、なぜ、神功皇后紀が設定されたかは、むずかしい問題です。記述の大半は、新羅征討の伝承です。常に立ちはだかっている問題は、なぜ天皇紀の原則をまげて皇后紀という章立てをしたかということです。

神功皇后は、気長足姫尊《おきながたらしひめのみこと》とよばれていたとありますから、息《おき》（気）長《なが》氏との関わりを考えねばなりません。息長氏は、近江国坂田郡（現在の滋賀県米原市周辺）を拠点とした豪族ですが、大和に進出し、天皇家と密接な関係をもっていきます。私は神功皇后の息長氏との関わりをユング心理学でいう「グレート・マザー（偉大な母親）」という次元で考えてみることもできると思っています。「グレート・マザー」とは、次のように説明されます。
誰もがイメージする偉大な母の存在を言います。しかし、偉大な母に二つの面があります。一つには子供を慈しんで育む力、あるいは生命を生み出すもの。もう一つは子供を束縛し、のみこんで破滅させてしまう恐ろしい力です。ユングは、人間に備わっているこのようなものを元型とよびました。グレート・マザーもまた、元型の一つとみなしました。

近鉄平城駅近くにある神功皇后陵（奈良市山陵町）

『日本書紀』によれば、神功皇后の父は気長宿禰《おきながのすくね》王《おおきみ》とありますから、神功皇后は、息長氏の政治的展開を生み出す母親的な存在として、『日本書紀』において特別扱いされたと考えられます。しかし、『日本書紀』の編者たちは、グレート・マザー的な存在のイメージだけではなく、実在する皇后という解釈も試みました。それは、『魏志』にいう倭の女王（卑弥呼）を神功皇后にあてることでした。

中国の史書を参照して、『日本書紀』の編集がされていた時、倭の女王をどのように『日本書紀』に盛り込むか、議論があったと思います。編集委員のメンバーには、卑弥呼についての伝承がなかったとは思われません。そこで、神功皇后をもって卑弥呼とする歴史的叙述をすることに決定されたのでしょう。卑弥呼は、中国の魏という国と外交関係をもっていましたが、『日本書紀』において、魏の時代をどの天皇の時代に相当するかは、全くわからなかったといってよいでしょう。今のような西暦という国際的な年代がなかったのですから、それぞれの国は、干支で年代を用いました。同じ干支でも、例えば「壬申」という年は、六〇年を一回りにして同じ「壬申」という年がめぐってくるわけですから、倭国の「壬申」と朝鮮半島や中国の「壬申」とは、同年かどうか判別できないのです。

神功皇后紀は、『魏志』の干支で倭の女王を記述し、さらに『百済記』という史料も用いられました。もちろん、この史料も干支で年代を記述しています。そして、明治になって西暦によって比較することが可能となり、当時の歴史学者は、神功皇后紀に西暦による実年代を与える研究に取り組みました。一例をあげますと、神功皇后四三年は、魏の正始四年とあり、西暦二四三年となります。とすると神功皇后四七年は二四七年となります。ところがその年は『百済記』によると、西暦三六七年にあたる出来事が記されています。史実的には、『百済記』を信用することができます。つまり、神功皇后紀の『魏志』の年代を干支二回り（一二〇年）させないと、『百済記』の実年代と合致しなくなります。となりますと、神功皇后紀における『魏志』の取り扱い方は、年代の上で無理があることがわかります。結論として、神功皇后は卑弥呼ではないということになります。

応神天皇

新王朝のトップバッターか

仲哀天皇と神功皇后の間に生まれるのが応神天皇です。神功皇后が新羅征討に向かう直前に臨月でしたが、石を腰に挟んで、事が終わって帰還した時には無事出産できますようにと、神に祈って出航しました。そして新羅から帰国し、筑紫（九州）で生まれたのが、応神天皇だと『日本書紀』に書かれています。いささか非現実的な様相が漂いますが、神功皇后紀の神秘的な記事に引きずられていると解することができます。

『日本書紀』が、神功皇后紀を一巻として他の天皇紀と同等の位置づけをしたのは、新しい王朝の始まりを、グレート・マザーとして示唆していると先に書きました。そして、新王朝のトップバッターが応神天皇であると『日本書紀』を読むことができます。

応神天皇紀の記事の中で、朝鮮半島から渡来した人や技術、あるいは倭と朝鮮半島の通交に触れている箇所があります。

百済王が縫衣工女《きぬぬいおみな》を奉ったとあり、また、渡来人の阿知使主《あちのおみ》・都加使主《つかのおみ》を呉《くれ》（中国の南、長江のあたり。江南地方）に派遣して、縫工女を求めたともあります。類似の記事が、後の雄略天皇紀にもあり、『日本書紀』編纂のために参照された原資料に混乱があるように思えます。今『日本書紀』の記述上の問題は詮索しないとして、衣服を縫うという例をあげるにすぎませんが、文化の流れに注目しますと、百済は江南地方と親密な関係があり、倭は、その両地方から文物を受容していた場合があったことが推定できます。呉服・呉橋《くれはし》・呉竹《くれたけ》などの言葉からも、うかがうことができます。また、次のような記事があります。

弓月君《ゆつきのきみ》が百済から一二〇県の人々を率いて渡来したが、新羅人が邪魔をして、人々は朝鮮半島の南、加羅《から》にとどまっていると報告しました。そこで、葛城襲津彦《かつらぎのそつひこ》（葛城氏の始祖。四世紀末〜五世紀前半）を派遣しましたが、襲津彦は三年たっても帰って来ませんでした。しかし、倭から加羅に救援軍を遣わして、やっとの思いで帰国しました。平安時代に作られた『新撰姓氏録《しんせんしょうじろく》』と

応神天皇が崩御したとされる
「明宮」跡（橿原市大軽町）

いう、氏族の系譜書によりますと、弓月君は秦氏《はた》であることがわかります。倭国で秦氏の傘下にある集団は、織物や河川工事など殖産事業に従事しました。『日本書紀』の記事からは、秦氏が百済に出自をもつように読めますが、新羅の波旦《はた》県（今日の韓国慶尚北道蔚珍《けいしょうほくどううるじん》郡波旦）とする説が有力視されつつあります。

『日本書紀』では、応神天皇は明宮《あきらのみや》で死去したとし、一説では大隅宮《おおすみのみや》であると注記しています。明宮は、『古事記』では軽島の明宮とあることから、橿原市大軽付近と考えられます。大隅宮は、天皇が難波に行幸して滞在したとありますので、大阪市の上町台地の付近を想定しておいてよいでしょう。御陵については、『日本書紀』に記述がなく、『古事記』に川内（河内）の恵賀《えが》の裳伏《もふし》の岡にあると記されています。規模において、仁徳天皇陵古墳につぐ、大阪府羽曳野市誉田《こんだ》にある前方後円墳が宮内庁によって治定されています。

仁徳天皇

実在性高い君主像

神功皇后から応神天皇、仁徳天皇へと続く、『日本書紀』の記事の解釈については、諸説があります。例えば、応神天皇は実在しないとする見解、あるいは、応神天皇と仁徳天皇とを同一人物とみる説があります。『日本書紀』の読み方で、いろいろと詮索されるのですが、これが史実という断案はありません。ただ、仁徳紀に割かれた紙幅はかなり多く、叙述も現実性をおびてくる箇所があり、仁徳天皇の実在性はかなり高いと思います。

ここでは、史実性があるかどうかは判断できないのですが、『日本書紀』の編者たちが描いた理想の君主像を仁徳天皇に託した部分について、みておきたいと思います。現在の日本でいえば、総理大臣に、あるいは政治家に求められる「徳」の問題です。とにかく、仁徳紀の冒頭を現代語の抄訳で記します。

大鷦鷯《おほさざき》天皇（仁徳天皇）は、応神天皇の第四子であります。天皇は、幼なくして賢く、お姿も格好よかった。男盛りになって、慈愛深いお心の持ち主であった。応神天皇が亡くなられたとき、太子《ひつぎのみこ》（皇太子）の菟道稚郎子《うじのわきいらつこ》は、皇位を兄の大鷦鷯尊にお譲りになろうとしたのですが、天皇の位につくのを固辞された。そこで大鷦鷯尊に「天下に君として、万民を治める者は、天のように万民を覆い、地のように万民を受け入れるものでなくてはなりません。上にたつものに、よろこぶ心があって、百姓を使います。百姓もよろこんで、天下は安らかになります。私は弟であり、また、たいした事績もございません。どうしてあえて皇位をついで、天皇の地位につくことができましょうか。あなたは、すぐれたお姿でおられます。仁孝の品格が遠くまで知れ渡り、年齢も長じておられます。天下の君になられるに十分な方でございます」とおっしゃった。

仁徳天皇を主祭神とする高津宮（大阪市中央区）

兄の大鷦鷯尊は、「先皇（応神天皇）がおっしゃるには『皇位は一日とて空白にしてはならぬ』と言われました。前もって明徳な人を選んで皇太子になさいました。先皇の継承者として幸いがあるように万民にお授けなさったのです。……私は、賢くはありませんが、どうして先皇のご命令に背いて、弟であるあなたの願いに従わねばならないのでしょうか」とお答えなさりました。

以上のような問答が、応神天皇の後継にからんであったと『日本書紀』は記しています。互いに譲りあって、ついに弟の菟道稚郎子が自害しますが、それを知った兄の大鷦鷯尊は、弟の屍にまたがって「我が弟の皇子」と三度呼ばれると、よみがえったとあります。しかし、再び死者となり、菟道の山の上に葬られました。
このような経緯があって、難波の高津宮《たかつ》で仁徳天皇の即位となります。つまり、ここに引き合いに出しました記事は、いうまでもないことですが、仁徳天皇がすばらしい君主であることを示すために作られた物語的な記事であると思われます。しかし、今風にいえばリーダー論として読むことができます。「国政の長」たるにふさわしい人物を見出し、リーダーの地位を委ねること、あるいは、みずからが、その任にふさわしいかを、自問すべきだと言っているのです。

呼び名から推測「陵」は鳥の形?

「仁徳」という名は漢風の、つまり中国風の諡《おくりな》ですが、諡は死後与えられるものです。漢風の諡は、奈良時代の中頃、淡海三船《おうみのみふね》(七二二〜七八五)によってつけられたと言われています。ということは、『日本書紀』が成立した当時は、漢風の諡はなかったということになり、後年につけられたのです。それぞれの天皇の事績や伝承にふさわしい漢風の諡が考えだされたのでしょう。そこで「仁徳」という言葉ですが、「他人を慈しみ愛する徳」という意味で、中国の古典に依ったものです。
ただ、少し考えておかねばならないことは、「仁徳」という諡にふさわしい天皇であったというのが事実なのか、それとも『日本書紀』に記述された内容にしたがって命名されたのかという点です。おそらく、淡海三船が『日本書紀』の記述を読みながら考えたのではないかと思います。私は、『日本書紀』が天皇紀を原則としているのにもかかわらず、神功皇后紀を例外的に設けた

日本最大の古墳「仁徳天皇陵」(堺市)

のは、先にも記しましたように、新しい王朝の始まりを暗示しているように思います。そして、応神天皇の実在については議論がありますが、仁徳紀は、とりわけ新しい王朝の成立をアピールするために、施政者のあるべき姿を強調して書かれた印象をもちます。次のような事が書かれています。

「天皇になって三年にもなったが、褒めたたえる声が聞こえてこないのは、人々が大変まずしくて、飯を炊いている煙がみえない。これから三年間は税を徴収しないようにする。宮殿の修理も許さず、天皇の衣服や履物なども新調せず、つつましやかな生活をした。そして、三年を経て人々が豊かになり、やがて煙が国中に満ちるようになった」。

いわゆる、民のかまどの煙の話ですが、仁徳天皇が聖帝であったことを語っています。どこか、近代の世界の政治を皮肉っているような感じがします。

仁徳天皇は「大鷦鷯尊《おほさざきのみこと》」とよばれましたが、「サザキ」は鳥の名で、今日では「ミソサザイ」という小さな鳥のことです。小林桂助氏の『原色日本鳥類図鑑』には、ミソサザイはごく小形で、かっ色で尾は短く、北海道、本州、四国、九州など各地に留鳥として生息繁殖するとあります。

ミソサザイは小さな鳥ですが、仁徳のよび名では「大」の字をつけて「オオサザキ」とあり、偉大なサザキを意味したのでしょうか。『日本書紀』仁徳天皇元年条によると、仁徳天皇が生まれたときに産殿《うぶどの》に木菟《つく》（ミミズク）が入ってきたが大臣の武内宿禰《たけのうちのすくね》が子供を産んだときは鷦鷯《さざき》が産屋《うぶや》に入ってきた。不思議な印象をうけたが、二人の子供は同じ日に生まれたからどちらにも瑞兆であるので、鳥の名を子供の名前として互いの名前をとりかえることにしました。これがオオサザキという名前が生まれた由来というとあります。そこで、サザキに尊敬の接頭語「ミ」をつけると「ミサザキ」となり、さらに「ミササギ」と発音が変化すると、「陵」となります。

小松格氏は「前方後円墳を上空から見ると明らかに鳥を腹から見た形状をしている」と指摘しています。腹からではなく、真上からみた形でよいのではないかと私は思います。鳥が死者の霊魂を天空のカミに伝えるといわれていることから考えると、前方後円墳の形を鳥とみることは、検討されてもよいと私は考えます。

葛城氏の政治力、天皇と拮抗か

仁徳天皇と葛城氏出身の皇后磐之媛《いわのひめ》の話も、よく語られます。

皇后は、宴席で酒を盛るのに使われるミツナガシワ（御綱葉）という植物の葉を採りに、紀国《きのくに》の熊野の岬（新宮付近か）に船で出かけます。天皇は、皇后の不在をよいことにして、八田皇女を宮中に召し入れます。皇后は、難波の渡しあたりに帰ってきて、そのことを聞いて大いに恨み、せっかく採ってきたミツナガシワを海に投げ捨て、着岸せず、山背河《やましろがわ》（淀川）をさかのぼり、山背に出て、そこから倭《やまと》に向かいます。山背河では、次のような歌をよみます（現代語訳）。

「山背河をさかのぼっていくと、河の曲がり角に、栄えんばかりに立っている、葉の茂っている樹木は、わが大君のように堂々としていることよ」

八田皇女に嫉妬心を抱いて、天皇の宮に帰ることなく、山背河をさかのぼったにもかかわらず、天皇に慕情を寄せています。そして、平城山を越えて、実家の葛城の土地を望んで歌います（現代語訳）。

「山背河を宮にもよらずに、さかのぼって行くと、奈良を過ぎ、倭を過ぎ、私が見たい国は、葛城高宮の私の実家のあたりだ」

この歌で、少し注意しておかねばならないことは、奈良を過ぎ、倭を過ぎと道行風によんでいますが、はっきりと、奈良と倭は区別している点です。その場合の倭は、奈良盆地の一部、桜井から天理にかけての地域で、邪馬台国があったあたりを指しています。ですから『古事記』のヤマトタケルの望郷の歌にいう「倭は国のまほろば」、景行天皇の「倭は国のまほらま」の「倭」も、大和国（今の奈良県）や奈良盆地全体を言うのではないという説に対応します。

さて、皇后は筒城《つつき》の岡の南に宮をつくり、そこに住むことになりました。天皇は口持臣《くちもちのおみ》なる人物を筒城宮に遣わして説得にあたります。雪の日、雨の日も、そして日夜を通して、皇后の宮の

宮内庁が治定する仁徳天皇皇后磐之媛命陵古墳

前に伏して、退くことなく皇后の心変わりを期待します。口持臣の妹も皇后の側に仕えますが、皇后はかたくなに、天皇のもとに戻るのを拒みます。

ついに、天皇みずから皇后の宮に出かけます。しかし、皇后は会うこともしませんでした。その時に天皇がよんだとされる歌の一つを現代語訳であげておきましょう。

「山背の女が木の鍬でもって、土を打って掘り起こした大根のような、白い腕を巻き合ったことがなかったならば、私を知らないと言えようが」

皇后は、人を介して「陛下は、八田皇女を宮中に入れて妃とされました。皇女とともに、皇后であることは、私ののぞむところではございません」と、天皇に申し上げ、会うことはなかったのです。天皇は、皇后が怒っているのを恨みながらも、なおいとおしい気持ちをもって帰っていきました。やがて皇后は筒城宮で亡くなり、之羅山《ならやま》（平城山）に葬られます。『延喜式』には、平城坂上墓と称されていますが、盾列古墳群にある水上池の北に位置するヒシアゲ古墳が宮内庁の治定陵となっています。

この話を単なる皇后の嫉妬にまつわるものとすれば人情話ですが、政治的な面からみれば、葛城氏の政治的な力が天皇に対して拮抗するほど強かったという読み方もできます。

履中天皇

兄弟の間で皇位めぐる争い

仁徳天皇の第一子が履中天皇であると『日本書紀』に書かれています。古代の天皇に関して、しばしば起こるのは、皇位継承の問題です。何事もなく、天皇の位につく人物が決まる場合と、抗争が起こる事態とがあります。現代に至るまで、世界のいずれの地域でも、組織があるかぎり、そのリーダーを選ぶにあたって、何かと人間の心深い部分があらわれるものです。往々にして、リーダーとしての素質よりも、リーダーになりたいという名誉欲が、難しい状況をつくりだしてしまうことがあります。以下の事件についての『日本書紀』の記述も、底流には兄弟の間で皇位をめぐる争いがあるとみることができます。

履中天皇が即位する前、まだ太子（皇位を継承すべき皇子）である時に、羽田矢代宿禰《はたのやしろのすくね》の娘である黒媛という女性を妃《きさき》にしようと思いました。婚約も整ったので、婚礼の日を告げるために同母弟である住吉仲皇子《すみのえのなかつみこ》を遣わせました。ところが、住吉仲皇子は、偽って太子の名をかたり、黒媛を奸《おか》しました。だが、住吉仲皇子は、不覚にも手に持っていた鈴を黒媛の家に忘れて帰ってしまったのです。

翌日、太子が黒媛をたずねたところ、床の端から鈴の音が聞こえるではありませんか。太子は黒媛に「何という鈴だ」と尋ねました。黒媛は「昨夜、太子様がお持ちになった鈴ではありませ

履中天皇が難を避けて入った石上神宮（天理市）

んか。どうしてそんなことを私に尋ねるのですか」と答えたのですが、太子は、住吉仲皇子の仕業であると知り、黙ってその場を立ち去りました。

住吉仲皇子は、自分のやったことが発覚したので、太子を殺そうとし、兵士たちに命じて密かに太子の宮を囲みました。太子に従う者が不穏な事態を進言したのですが、太子は信用しませんでした。そこで太子を助けて、馬に乗せて逃げました。住吉仲皇子は、太子が宮にいないのを知らないで宮に火をつけました。

太子が河内国の埴生坂《はにゅうのさか》（河内国で竹内街道が丘陵を越える羽曳野市古市付近）にたどりついた時に目がさめ、難波《なにわ》の方を振りかえると、火の手があがっているのを見て大変驚きました。そこで、急いで大坂（二上山の北を河内から大和に抜けるところ。穴虫越《あなむし》）から大和に向かいました。

飛鳥山《あすかやま》（穴虫越のいわゆる河内の飛鳥付近）に至った時、一人の少女に出会い、「この山に人がいるだろうか」と尋ねたところ、「兵器を持ったものが、大勢山中にいます。当麻《たぎま》に向かう道をとりなさい」という答えが帰って来ました。

太子は少女の言葉によって難を避けることができたと思い、「大坂で出会った少女に道を問うと、まっすぐには行かないで、当麻に行く道（竹内峠を越える道）をとれと告げたよ」と歌いました。

そこで一度戻って、龍田へ向かう道を行くことになりました。太子に反旗を翻す者たちをも懐柔しながら、石上《いそのかみ》神宮（天理市）に入りました。同母弟の瑞《みず》歯《は》別皇子《わけのみこ》（後の反正天皇）が訪ねてきましたが、その心を疑い会おうとはしませんでした。結果として、住吉仲皇子を人をして殺させたという功によって、石上神宮によんで、その功を報いました。

「磐余稚櫻宮」名の由来は案出!?

『日本書紀』の履中紀元年二月に、履中天皇は磐余稚櫻宮《いわれのわかざくらのみや》で即位したとあります。天皇は淡路の野嶋の海人《あま》である阿曇連濱子《あずみのむらじはまこ》をよんで、「おまえは、住吉仲皇子と共謀して反抗し、国を傾けようとした。そのことは、死罪に相当するが、それを許すかわりに、顔に入れ墨をせよ」と言い渡しました。当時の人は、これを阿曇目《あずみめ》と言ったと『日本書紀』は述べていますが、これは罪としての入れ墨ではなく、海洋民としての風習について言っていることも考えられます。というのは、安曇氏と並んで海洋民として勢力のあった宗像《むなかた》氏について、胸に入れ墨で形を描いていたから、「ムナカタ」と称したという説があります。なぜ、海洋民が入れ墨をしたかといいますと、

磐余市磯池まで桜の花が飛んできたとされる御所市室付近

潜水漁法で潜った時に、サメなどの獰猛《どうもう》な魚類から身を護るための呪法であるからです。

履中天皇の宮は、磐余稚櫻宮であることは、先にみたのですが、履中紀二年十月に、磐余に都を造るとあります。『日本書紀』の記事によりますと、元年には宮だけがあり、翌年に都が造られたということになります。「都」が「宮」と同じ意味ならば、異なる史料が使われたことによって、一つの事柄が重複して記述されたことになります。「都」が後の時代の「都城」にあたるとすれば、検討の余地があります。私は、平城京のような計画性をもった都の形ではなく、天皇の宮と、その周辺に行政機関の建物があり、それを含めて都とみなしたのではないかと憶測します。その理由は、磐余に都を造るという記事に続いて、「是《こ》の時に当たりて」平群《へぐりの》木菟宿禰《つくのすくね》ら四人が国事を執ったとあり、行政機構の整備がすすみ、今の東京で言えば、皇居と霞が関のような空間の原型ができつつあったのではないかと考えるからです。

　同年一一月条に、磐余の池を作る、翌三年一一月条に磐余市磯池《いわれのいちしのいけ》に両枝船《ふたまたぶね》（南太平洋のポリネシアのカヌーを左右につないだような双胴船）を浮かべ、天皇と皇后が遊びました。この時、膳臣余磯《かしわでのおみあれし》が酒を献上したところ、杯に桜の花がおちてきました。天皇は不思議に思い、臣下の者に「この花は、花開く季節でないのに、ここまで花びらが飛んできた。どこに咲いていた花なのか。その場所を探してこい」と命じました。そして、掖上室山《わきがみのむろやま》（御所市室付近）で、その花を見つけ、天皇に奉りました。天皇は、その珍しい出来事を大変喜び、宮の名前を磐余稚櫻宮と名付けたと、いいます。

　理屈めいたことを言いますと、御所市あたりから、桜の花が飛んできたのは、履中三年のこととありますから、即位した時は、磐余稚櫻宮という宮の名前がなかったということになります。しかし、桜の花が飛来したというのは、宮の名前を説明するために、後から案出された話として解釈するのがよいと思います。

　磐余池の所在地を橿原市東池尻町付近とする「推定」について、メディアで報道された発掘現場の所見や議論の不徹底さについて、私は強い疑念を抱きました。現場の考えに都合のよい研究者のコメントを載せて大きく報道することは、歴史を捏造しかねない事態を招く恐れがあります。『古事記の奈良大和路』（東方出版）にも、磐余池は桜井市谷付近とする自説を載せていますので参照して下さい。

反正天皇

聖なる水の湧く淡路島で誕生

反正天皇の「反正」は、いうまでもなく死後に与えられる諡《おくりな》です。漢風諡号《しごう》は例外もありますが、前述したように奈良時代の天平宝字年間に淡海三船《おうみのみふね》によって付けられたといわれています。ですから、『日本書紀』が成立した時は、漢風の諡がなかったと考えられます。

「反正」とは、どういう意味でしょうか。文字通りに解釈しますと、「正しいことにかえる」ということになります。諡は生前の天皇の事績をかんがみて、それにふさわしい漢語が選ばれたと思います。それならば、反正天皇の「反正」は、何に由来するのでしょうか。先に述べましたように、履中天皇の即位をめぐって、瑞歯別皇子《みずはわけのみこ》（後の反正天皇）が、住吉仲皇子《すみのえのなかつみこ》の暴行を鎮圧し、履中天皇二年に皇太子となり、秩序をとり戻したという『日本書紀』の記述に対応するのではないかと、私は推測します。

天皇は淡路宮で生まれ、瑞井《みずのい》という井戸があり、その水を汲んで太子を洗ったとあります。そして、井戸の中に多遅《たじ》の花があり、それによって、多遅比瑞歯別《たじひみずはわけ》天皇とよばれる経緯と、多遅の花は今の虎杖《いたどり》の花であると、『日本書紀』は説明しています。

多遅の花から多遅比という言葉を導こうとしたのであって、両者に関係はありません。多遅比は、柴籬宮《しばかき》とよばれた天皇の宮が、河内の丹比《たじひ》郡にあったということによるものです。丹比郡は、

南海堺東駅の東側にある反正天皇陵古墳（堺市）

今の大阪府松原市を中心とした地域で、松原市上田の柴籬神社が柴籬宮の伝承地とされています。

淡路島の南あわじ市松帆の産宮《うぶみや》神社が、反正天皇の誕生の地であると伝えられています。神社には瑞井（産湯池）もあり、反正天皇の産湯の水が汲まれたと言われています。史実として、淡路宮があったかどうかはわかりませんが、瑞井の水が語られていることは、王権と淡路島の水が関係あることを考えさせます。

反正天皇の父、仁徳天皇と淡路島のつながりについて『古事記』には次のようなことが語られています。「兎寸《とき》川の西に一本の高い樹があった。その樹の影は、朝日に当たれば淡路島におよび、夕日に当たれば高安山を越える。そこでこの樹を切って船を作ったところ、すばらしく速い船となった。そのとき船の名を枯野《からの》と名付けた。そして、この船でもって朝夕に淡路島の寒泉《しみず》を汲み、天皇の飲み水である大御水《おおみもい》を献上した」。

兎寸川とは大阪府高石市富木のあたりを流れていた川ではないかといわれています。淡路島に天皇の飲料水を求めるということですから、淡路島は、聖なる水の湧く土地であったと解することができます。『古事記』の安寧天皇段にも、孫の和知都美命《わちつみのみこと》が淡路島の御井宮《みいのみや》にいたともあります。なぜ、淡路島と聖水が結びつくのか。それは国生み神話で『古事記』では淡路島が最初に生まれたとあり、『日本書紀』の本文は、最初に生まれた淡路島を胎盤《えな》とみなしていますが、いずれにしても、生命の誕生を象徴的に表現していると読み取ることができます。とすると、淡路島の水は、生命を育てる水とみなされたのではないでしょうか。

允恭天皇

即位の水

允恭《いんぎょう》天皇は、反正天皇の同母弟で、父は仁徳天皇です。漢風の諡《おくりな》の允恭は、「まことに、つつしむ」という意味で、以下にみるような即位事情によるのかもしれません。中国の古典から採った名称だと思われますが、『漢書』には「允恭」という熟語があります。それが出典であるかどうかはわかりません。母は葛城氏出身の磐之媛命《いわのひめのみこと》で、和風の諡と解されている、雄朝津間稚子宿禰《おあさづまわくごのすくね》の「朝津間」は、今日の御所市朝妻という地名に残っています。仁徳天皇の子ではありましたが、名前に葛城氏ゆかりの地名が採られていることは、葛城氏の勢力の強さを読み取ることができます。

群臣が即位をすすめましたが、体調がすぐれず固辞します。天皇（実際は大王とよばれました）という一国のリーダーになるには、病弱の身では十分な責任が果たせないというのが、その理由でした。一般的に言って、組織の長たる者は徳があり、さらに健康でなければならないのはもっともなことです。

皇子の決意を促すために、妃の忍坂大中姫命《おしさかのおおなかつひめのみこと》は、洗手水《おおみてみず》をもって説得します。

この洗手水を、民俗学者折口信夫《おりくちしのぶ》は「水の女」という作品で、天子即位の甦生《そせい》（よみがえること）の禊《みそぎ》の儀礼と解しています。時は冬で烈風が吹きすさび、大中姫の捧げている容器の水があふれて姫の腕に凍りつき、死にそうになりました。皇子はそれを見て大変驚き、姫を助けあげて、

「朝津間」にちなんだ地名が残る御所市の朝妻地区

ついに帝位につくことを決意しました。

『日本書紀』がこのような場面を設定し、允恭天皇の即位を実現した様子を記すのは、超自然現象を無視しがたいという観念が当時、重きをもっていたためでしょう。逆に言えば、明治に近代科学を受容した日本社会においては、右に述べたようなことを、今日では非科学として葬り去ることによって、心身の安泰を保証しようとします。でも私は、むしろ近代科学によって解けない部分があるという真摯《しんし》な態度を科学者は持つべきだと思います。次に述べる盟神探湯《くがたち》も、そのことに関係します。

群臣や役人たち、各地を治め支配する国造《くにのみやつこ》が、おのおの勝手に、自分は天皇の末裔だとか、天から降った者の系譜をついでいるとか言うので、もろもろの氏族の者たちは心身を清浄にして、飛鳥の甘樫丘で盟神探湯をして事実かどうか確かめよ、と天皇は命じました。釜で湯をわかし、そこに手を入れ、事実ならば無事であるが、偽りであればやけどをするというのが、盟神探湯の一つのやり方です。『日本書紀』の注には、泥を釜に入れて煮沸し、手でかき混ぜて反応をみるか、あるいは斧を火の色に焼き、それを手のひらに置く方法があると書かれています。

天皇の命にしたがって、人々はユフ（楮《こうぞ》の皮をはいで、その繊維で作った糸）で作った襷《たすき》をかけて、盟神探湯をしました。系譜をだましている者は、恐れてこの行為を避けて退き、結果として氏姓はおのずから定まり、詐称するものはなくなりました。

天皇めぐる女性の立場を垣間見る

歴史上の天皇あるいは、権力者を語る場合、女性との関わりがテーマになることが少なくありません。そして、そこに登場する女性は、権力にもてあそばれることがしばしばあります。明らかに女性を蔑視する見方が現実に、あるいは『日本書紀』などの編者にあったと思われます。『日本書紀』の允恭天皇をめぐる女性についての記述も、史実かあるいは物語風に作られたのかわかりませんが、日本の古代における女性の立場を垣間見ることができます。

宴会において、天皇が琴を弾き、皇后の忍坂大中姫が舞いました。通例では舞がおわると、「娘子奉る《おみなたてまつる》」という礼事《いやごと》（お礼の言葉）を上席の者（ここでは天皇か）に言うべきところ、それをしませんでした。天皇は「どうして礼を失したのか」と問いかけました。皇后はかしこまって、再び舞い、今度は「娘子奉る」と言いました。天皇は皇后に「奉る娘子は誰か」とたずねました。皇后は、やむをえず「私の妹、弟姫《おとひめ》でございます」と答えました。弟姫は容姿が比べようもなく

衣通郎姫を住まわせたとされる藤原の地（橿原市）

美しく、その艶やかな姿態が衣を通して輝いていましたので、時の人は衣通郎姫《そとおしのいらつめ》とよびました。天皇の気持ちは、弟姫の衣通郎姫に傾き、近江の坂田（今の米原市付近）に母親と一緒に過ごしている姫を宮に呼ぶため、使者を遣わせました。

弟姫は姉の皇后の気持ちを察し、天皇のもとに行くのを強く断りましたが、天皇は喜ばず、舎人《とねり》（天皇に使えて雑務をする者）を坂田まで行かせました。天皇の命を受けてきたという舎人に、弟姫は「どうして、天皇の命を受けないことがありましょうか。ただ、姉の皇后の気持ちを傷つけたくないので、死んでも参上しません」と言いました。七日間も舎人は庭で懇願し、弟姫を天皇のもとに連れて帰れず、極刑にあうよりは、この庭で死んだ方がましだと言いました。弟姫は、天皇の忠臣を死なせては自分の罪になると思い、舎人に従うことになりました。舎人は、弟姫を大和の春日あたりの知り合いの家に留めて、一人で天皇の宮に帰りました。天皇は大変喜びましたが、皇后の気持ちは穏やかではありませんでした。そこで、衣通郎姫を天皇の宮から離れた藤原の地に住まわせることにしました。この地は後の藤原宮のあたりでしょうか。

皇后が大泊瀬《おおはつせ》天皇（後の雄略天皇）を産んだ夕刻に、天皇は藤原宮へ衣通郎姫に会いにでかけました。皇后の怒りは激しく、産殿《うぶどの》を焼いて死のうとしました。天皇は間違っていたことに気づき、皇后を慰めました。

しばらく日が経って、天皇はお忍びで、一人で寂しく過ごしている藤原の弟姫を訪ねました。天皇と衣通郎姫とが愛の歌を詠み交わしたのですが、皇后はたいそう恨んだので、衣通郎姫は、王宮で常に天皇のそばにいたいが、姉の皇后が自分のことで天皇を恨み苦しんでいるので、もっと遠いところにいたいと、申し上げました。そこで、河内の茅渟《ちぬ》に衣通郎姫の宮を造りました。いくども天皇は茅渟に行幸しましたが、皇后は行幸によって従者の苦労が重なるのではないかと進言し、その後まれにしか行幸はしなかった、ということです。この茅渟の宮も、奈良時代の離宮の場所を念頭において書かれたのかどうか、興味ある問題です。

安康天皇

皇位継承争いや末弟の妃探し

『日本書紀』の安康天皇の記事は、皇位の継承をめぐる争いや、末弟の大泊瀬皇子《おおはつせのみこ》(後の雄略天皇)の妃を探すことなどで埋められていて、どのような政治をしたかについては一切触れていません。リーダーとしての資質はよくわからず、実在していたかどうかも不明のように思えますが、後に述べるように(七二頁)倭の五王の一人であるとする説に従えば、実在の可能性は否定できません。

先代の允恭《いんぎょう》天皇が亡くなったとき、その皇子である太子《ひつぎのみこ》・木梨軽皇子《きなしのかるのみこ》が女性に淫らな行為をしたために、群臣が従わなくなり、穴穂皇子《あなほのみこ》(後の安康天皇)につきました。

太子は、穴穂皇子を襲撃しようと秘密裏に兵を集め、また穴穂皇子も戦いをいどもうとしました。しかし、太子に仕える者がなく、物部大前宿禰《もののべのおおまえのすくね》家に身を隠しましたが、穴穂皇子は、その家を囲みました。物部大前宿禰は門に出て、穴穂皇子を迎えました。そのとき穴穂皇子はつぎのような意味の歌をうたいました。

「大前、小前《おまえ》(大前の弟か)宿禰の家の金属で作った門の陰に、このように立ち寄りなさい。雨やどりしよう」

大前宿禰は答えてうたいます。

「宮廷に、お仕えしている人の足結《あしゆい》(袴の膝頭の下の部分を結んだ紐)の小鈴が落ちて不吉と、

第二阪奈道路の宝来ランプ近くにある安康天皇陵古墳（奈良市）

宮人はどよめいている。里にいる人も気をつけなさい」

これらの歌は、『古事記』では允恭天皇段に収められています。雨やどりするとは、太子の行動の沈静化を待つということ、足結の小鈴が落ちるとは、太子が宮から逃げたことをたとえているのでしょう。

大前宿禰は皇子に、太子を殺さないでください、自分にこの件をゆだねてほしいと申しますが、やがて、太子は自決します。

穴穂皇子は、宮を現在の天理市付近の石上《いそのかみ》に遷《うつ》し、穴穂宮と名付けられました。「穴穂」の語源、「穴穂宮」の所在地については断案がありません。

允恭天皇の第五皇子である大泊瀬皇子が反正《はんぜい》天皇の娘たちを妻にしようとしたのですが、「大泊瀬皇子は乱暴で、突然怒ると、朝に会った者は夕に殺され、夕に会った者は翌朝に殺されます」といって辞退します。そこで、大草香皇子《おおくさかのみこ》（仁徳天皇の皇子)の妹、幡梭皇女を迎えることになりました。大草香皇子は大変喜び、使者として訪ねてきた根使主《ねのおみ》に押木珠縵《おしきのたまかずら》という冠を天皇に献上することを託しました。ところが根使主は、その冠を盗み、天皇に、大草香皇子が天皇の命令を受けることができないと言った、と嘘をつきました。天皇は根使主の讒言《ざんげん》を真にうけて、大草香皇子の家を取り囲み殺害する、また大草香皇子に仕えていた父子が殉死するなどの悲劇をもたらしましたが、最後には幡梭皇女が大泊瀬皇子と結ばれたと『日本書紀』は記述しています。

雄略天皇

天皇としての特別な存在感

雄略天皇は、允恭《いんぎょう》天皇の第五子で、大泊瀬《おおはつせ》幼武《わかたける》天皇とよばれました。古代において、画期をなした天皇であるという認識は、例えば『万葉集』の巻の一―一、つまり冒頭の歌が、雄略天皇の御製歌としていることからうかがえます。歌そのものは、初瀬川あたりでうたわれていた民謡的な歌だと思われます。また『日本書紀』には、誕生のおりに神《あや》しき光が宮殿に満ち、成長するにつれて誰よりもすぐれて強健であったと述べていることからも、天皇としての特別な存在感のあったことを示唆しています。

暴君として伝えられていますが、即位に至るまでの経緯を雄略紀に従って記しておきましょう。前項でふれましたが、大草香皇子《おおくさかのみこ》（仁徳天皇の皇子）は、根使主《ねのおみ》の讒言《ざんげん》を信じた安康天皇に殺されました。大草香皇子の子である眉輪王《まよわのおおきみ》がそのことを耳にし、皇后の膝枕で熟睡していた安康天皇を刺し殺しました。

その知らせが、大泊瀬皇子《おおはつせのみこ》（後の雄略天皇）にもたらされたところ、皇子は自らの兄らに対して皇位をめぐって疑心暗鬼が生じ、八釣白彦皇子《やつりのしろひこのみこ》（允恭天皇の皇子・雄略天皇の同母兄）を責め問いました。害の及ぶことを恐れて黙っていたところ、すぐに切り捨てられてしまいました。また、坂合黒彦皇子《さかあいのくろひこのみこ》（允恭天皇の皇子・雄略天皇の同母兄）と眉輪王も殺そうとしたので、

いまも三輪地区にわき出る井戸水
（桜井市の狭井神社）

二人は葛城氏出身の円大臣《つぶらのおおおみ》の家に逃げました。大泊瀬皇子は兵をもって、大臣の家を囲みました。大臣は「自分の娘である韓媛《からひめ》と葛城の宅地を献上するから、許して欲しい」と申しましたが、それを聞かず、大臣の家に火をつけ、大臣と黒彦皇子、眉輪王も焼き殺されました。

さらに、安康天皇が市辺押磐皇子《いちのべのおしいわのみこ》（履中《りちゅう》天皇の第一皇子）を皇位につけて後事を託そうとしたことを大泊瀬皇子は恨んで、市辺押磐皇子を近江の来田綿《くたわた》の蚊屋野《かやの》（現在の滋賀県蒲生郡あたりの野）に狩りに誘い、市辺押磐皇子を射殺してしまいました。

続いて、市辺押磐皇子の同母弟である御馬皇子《みまのみこ》が三輪君身狭《みわのきみむさ》という人物のところに出かける途中、待ち伏せた軍勢に捕らえられて、三輪の磐井《いわい》というところで戦った末に刑に処せられました。その時、御馬皇子は井戸を指さして「この水は人々のみ飲むことができる。王者だけ飲むものではない」という呪いの言葉を唱えました。

大泊瀬皇子が、即位するまでに壮絶な殺戮をしたのは、どのような意味があるのでしょうか。市辺押磐皇子と御馬皇子については、皇位を託された人物とその弟に対する警戒心が、両者を排除したと思われます。大泊瀬皇子の父は允恭天皇、母は忍坂大中姫《おしさかのおおなかつひめ》で、八釣白彦皇子と坂合黒彦皇子とは、まったく同じで、祖母は葛城氏の磐之媛の系譜につながります。彼らを殺害した動機はライバルである兄をしりぞけることにあったのでしょうが、結果として葛城氏を支えた人物を失い、同氏の弱体化をもたらすことになりました。

泊瀬の朝倉宮の立地に注目

雄略天皇は、泊瀬《はせ》の朝倉宮《あさくらのみや》で即位しました。近年の発掘調査によって、三輪山の南、桜井市脇《わき》本《もと》あたりである可能性が強まって来ました。しばらく『日本書紀』を離れて、宮の立地について考えてみましょう。

脇本遺跡からほぼ南に、海抜二九二・五メートルの外鎌山《とがまやま》を望むことができます。外鎌山は『万葉集』（巻一三―三三三一）に「隠口《こもりく》（隠国とも表記します）の　泊瀬《はつせ》の山　青幡《あをはた》の　忍坂《おさか》の山は　走出《はしりで》の　宜《よろ》しき山の　出立《いでたち》の　妙《くは》しき山ぞ　あたらしき　山の　荒れまく惜しも」と歌われた忍坂山のことです。

まず、歌の解釈をしておきましょう。「隠口の」は「泊瀬」にかかる枕詞です。「こもりく」の「く」は、「イヅク（何処）」の「ク」と同じで、場所を示す接尾語ですから、「こもりく」は周りを囲まれたところという意味です。『古事記』にあるヤマトタケルの有名な望郷の歌「倭《やまと》は国のまほろば　たたなづく　青垣《あをかき》　山隠《やまご》もれる　倭し　うるはし」にいう「隠もれる」と同じように解することができます。

「隠口の　泊瀬」は初瀬川が流れる山あいの谷付近をいっているので、近鉄大阪線で伊勢方面

近鉄大阪線の沿線に広がる美しい山並みの風景（桜井市）

に向かう時の、緑の樹林からなる山で挟まれた美しい風景を見ることによって、古代を偲ぶことができます。「青幡」は泊瀬の地が死者の葬地であったので、呪具として立てられた青い幡のことを指すというのが通説となっています。

「走出の　宜しき山の　出立の　妙しき山ぞ」というのは、「走出」が山のスロープ、「出立」が山の垂直的な姿をいうもので、山の形の美しさをほめています。そして「あたらしき　山」つまり、すばらしい山が荒れるのは、惜しいことだと歌っています。

この歌は挽歌に分類されていることからも、先にふれましたように、泊瀬が死者を葬る地であったことを確かめることができます。

実は、『日本書紀』の雄略天皇六年条に、前掲の忍坂山の歌に似た歌があげられています。雄略天皇が泊瀬の小野に遊んだ時、山野の風景に感動して次のようによんだとあります。

「隠口の　泊瀬の山は　出で立ちの　よろしき山　走り出の　よろしき山の　隠口の泊瀬の山は　あやにうら麗《ぐは》し　あやにうら麗し」。「あやにうら麗し」とは、「言いようにもなく、美しい」ということです。この場合も、万葉歌と比較して、やはり山容の美しい忍坂山をよんでいるとするのが自然だと思います。

さて、泊瀬の朝倉宮の南に見える美しい忍坂山は、三輪山と同じように円錐形をした神の宿る神奈備《かむなび》の山であるとみてよいでしょう。つまり、聖なる山なのです。王宮の南に聖なる山を配するというデザインは、唐代の長安と終南山、新羅の慶州と南山あるいは、吉野宮と金峰山（大峯山から北につらなる山並み）などに共通した地理的構図に合致するものです。その点からも泊瀬の朝倉宮の立地に、注目したいと思います。

伊勢の地との関わりの伝承

『日本書紀』によりますと、雄略天皇は元年の三月、仁徳天皇の皇女である草香幡梭《くさかのはたび》姫皇女《ひめのひめみこ》を皇后としました。さらに三人の妃を立てましたが、その最初の妃は葛城円大臣《かつらぎのつぶらのおおおみ》の娘、韓媛《からひめ》で、皇太子（次の清寧《せいねい》天皇）と稚足姫皇女《わかたらしひめのひめみこ》を産みました。この皇女は、伊勢大神の祠《ほこら》に仕えました。つまり、皇族の未婚の皇女が斎王《さいおう》（「いつきのひめみこ」ともいう）として伊勢の神に仕えることをいうものです。しかし、雄略朝に斎王の制度が確立していた可能性は少ないと思われます。正式には、後の天武天皇の皇女である大伯皇女《おおくのひめみこ》を初代斎王とみなすのが通説です。それでは、雄略朝に伊勢大神がまつられていたのでしょうか。

雄略天皇との関わりが指摘される伊勢神宮（三重県伊勢市）

伊勢神宮の成立については諸説がありますが、事実に関してはよくわかりません。一説には、伊勢の地に、後の伊勢神宮の原型となる太陽をまつった地方神があり、雄略朝の東国進出にともなって、伊勢のあたりが、東国に向かう港湾として利用され、次第に王権とのつながりが強くなったといわれます。伊勢の港湾が東国遠征に重要な機能をもっていたことを記録した史料はありませんが、『日本書紀』のヤマトタケルの東征伝承では、伊勢から駿河へと向かったとありますので、海路の可能性も考えられます。

雄略天皇と伊勢神宮の関わりについての伝承は、外宮の豊受大神《とゆけのおおかみ》の鎮座について記した『止由気宮儀式帳《とゆけぐうぎしきちょう》』（延暦二三年＝八〇四成立）によると、アマテラスが雄略天皇の夢にあらわれ、御饌《みけ》（神の食事）を供する神として丹波国比治《ひじ》の真名井《まない》（京都府峰山町付近か）にまつられていた「等由気大神《とゆけのおおかみ》」を望んだので、雄略天皇は丹波からこの神を度会《わたらい》の山田原に遷したとあります。

平安時代のこの記事に、どこまで史実を反映しているかどうかは読み取れませんが、少なくともいえることは、伊勢の地にまつられた神が雄略朝と関わりがあるとする伝承があるということでしょう。としても、なぜ伊勢と丹波の地が結びつくのかという疑問は残ります。

雄略朝は、国家としての領域が東西に広がった時代でした。埼玉県の稲荷山古墳から出土した鉄剣には、「ワカタケル大王の寺が斯鬼宮《しき》にあった時に、天下を治める補佐をした」という意味のことが刻まれています。「ワカタケル大王」は雄略天皇をさします。「寺」は役所のことです。「斯鬼」は「磯城」のことで、そこにあった宮ですから、泊瀬の朝倉宮をいうことはまちがいありません。稲荷山古墳に葬られた人物は、おそらく泊瀬の朝倉宮で、雄略天皇の国家統治の方針にしたがって重要な働きをしたと思われます。熊本県玉名郡和水町《たまなぐんなごみ》の江田船山古墳で発見された鉄剣の銘文も、「ワカタケル大王」に仕えた人物のことが刻まれています。

二つの鉄剣からも、被葬者が雄略天皇に仕え、その後死去して、それぞれの故郷に葬られたと推定され、雄略朝の版図《はんと》は、九州から関東地方に及んでいたとみることができます。

宋から与えられた王の称号

中国南朝の宋（四二〇～四七九）について書かれた歴史書『宋書《そうじょ》』は、南朝の宋・斉・梁に仕えた沈約《しんやく》が斉の武帝の命によって編纂したものです。『宋書』において、倭国のことが書かれている箇所は「宋書倭国伝」と呼ばれています。その宋の昇明二年（四七八）の条には、次のように書かれています。倭国の雄略天皇が宋に遣わした使節が携えた上表文に、祖先の時代に、東は五五国の毛人《えみし》（蝦夷）を、西は六六国の衆夷《しゅうい》（熊襲《くまそ》・隼人《はやと》など）を征服し、さらに海を渡って、北に九五国を平らげたと。つまり、古墳から出土した鉄剣の銘文から推定した、雄略朝の日本列島における版図と、ここにいう記事とが合致することがわかります。

雄略天皇の宮が置かれた可能性もある脇本遺跡周辺（桜井市）

中国の南朝である東晋《とうしん》や宋に貢物を献上した倭国の五人の王、いわゆる倭の五王《ごおう》のことが『宋書』などに書かれています。中国の南朝が周辺諸国を傘下におさめる支配体制で、周辺諸国はそれぞれの国力に応じて、王の地位をあらわす称号が与えられました。このような関係を冊封《さくほう》体制とよびます。この頃の倭国の大王（当時、「天皇」という称号はなかった）は、「倭国王」とよばれることと、さらに朝鮮半島に対する軍事行動権などの承認を得る必要がありました。その倭の五王は讃、珍、済、興、武と『宋書』などに書かれています。

　この五王を『古事記』、『日本書紀』の天皇にあてる試みは、多くの研究者によってなされてきました。例えば、讃＝仁徳、珍＝反正、済＝允恭、興＝安康、武＝雄略という説がありますが、この問題を検討していきますと簡単に答えがでません。ここでは、深入りしないでおきたいと思います。ただ、武は雄略天皇とするのは、ほとんど諸説が一致するところです。諱《いみな》（生存中に呼ぶのをはばかった身分の高い人物の実名）を大泊瀬幼武《おおはつせわかたける》といった点からみて、「武」という文字が共通しますので、信憑《しんぴょう》性が高いといえます。

雄略天皇が宋の順帝から「使持節都督倭・新羅・任那・加羅・秦韓・慕韓六国諸軍事、安東大将軍、倭王」という称号を与えられました。「使持節」とは総督のような立場で、皇帝から与えられる最高の軍政権をもつもの、「都督」は地方の軍事をつかさどることができる地位のことをいいます。倭以外は、おおよそ朝鮮半島の南の方の諸国の地名と考えられますので、雄略天皇は朝鮮半島にまで軍事行動を起こす権限を与えられたのです。ところがこの称号が許される以前に、雄略天皇はみずから百済も含めた地域に及ぶ称号を希望したのですが、宋の皇帝は百済を除外しました。百済と南朝は友好的な関係にありましたから、百済に倭が踏み込むことができないようにしたとみられます。『日本書紀』によりますと、倭の新羅への侵入記事などがあり、海を渡った軍事的活動があったことを推定させます。

雄略朝をもって中国との交流は中断し、推古朝の遣隋使まで待たねばなりません。それは、鉄剣銘にあったように「天下」を治めるという国家観が根付きはじめ、一方では、中国の南朝が弱体化したことと無関係でないと考えられます。冊封から離れてもよいという自立意識が、この列島に漂いはじめたと思われます。

道教の中核をしめる神仙思想

『日本書紀』の雄略紀において、中国で興った宗教である道教に関する記事は見逃せません。道教の中核をしめる神仙思想は、雄略朝には、海の彼方から伝わっていたと思われます。関連する記述をみてみましょう。

天皇は、葛城山（今日の金剛山、葛城山からなる山並み）に、狩猟に出かけました。その時、突如、背の高い人がやってきて、丹谷《たにかい》で出会ったとあります。ここで、丹谷という見慣れない言葉が使われています。吉野郡下市町の丹生《にう》が水銀の硫化化合物である辰砂《しんしゃ》にちなむ地名とされ、丹谷もそれに類する場所をイメージしたと推定できます。宇陀市菟田野には、漢字は異なりますが「入谷《にゅうたに》」という地名があり、やはり辰砂に関するものとみられ、丹谷と意味が通じると考えられます。

辰砂がなぜ道教と関係するかといいますと、辰砂を空気中で加熱し、水銀蒸気と亜硫酸ガスを生じさせ、この水銀蒸気を冷却凝縮させて水銀を精製、これをもって長生の丹薬ができると信じられていました。しかし、水銀そのものの服用は有毒であることは、いうまでもありませんが、葛城山に辰砂が採れるというように、『日本書紀』は記述しました。さらに葛城山の話が続きます。

天皇が出会った背の高い人は、容貌も姿も天皇にそっくりで、天皇はこの方は神であると知りましたが、「どこのお方ですか」と尋ねました。「人として現れている神じゃ。まず、王（天皇）の名をなのれ。その後で私の名前を言おう」と言いました。そこで、天皇は「私は、幼武尊《わかたけのみこと》である」と答えました。それを受けて、背の高い人は「私は一言主《ひとことぬし》の神である」と言いました。二人は意気投合して狩りをしました。天皇は、まるで仙《ひじり》（仙人）に会ったような印象を受けました。

ここに取り上げた部分では、葛城山の神を仙人とよんでいる点に、神仙思想が投影されていると解することができます。一言主神社は御所市森脇に鎮座し、「悪い事も一言、善い事も一言で

雄略天皇が狩猟に出かけたとされる葛城山（右）と金剛山（御所市）

言い放《はな》つ神」といわれています。

神仙思想に関連する記事は、私達になじみのある、いわゆる浦島太郎の物語も、雄略紀に次のようにのせられています。

丹波国の余社《よさの》郡《こおり》管川《つつかわ》（現在の京都府与謝郡伊根町筒川）の人である瑞江浦嶋子《みずのえのうらしまのこ》が舟にのって釣りをしていました。その時大亀を得ましたが、その大亀がたちまち女になりました。そこで浦嶋子は、心高ぶって妻にしました。浦嶋子とその妻はあい従って海に入り、蓬莱山《とこよのくに》（不老長寿の国）に至って、仙衆《ひじり》（仙人）を巡りみてまわりました。

『日本書紀』には浦島太郎ではなく浦嶋子と書かれていますが、いうまでもなく浦島太郎の物語の原型といってよいと思います。竜宮城に対応するのが蓬莱山です。蓬莱は、中国・山東半島の東の海に浮かぶとされた仙人が住む不老長寿の三神山の一つで、他の二つは瀛洲《えいしゅう》、方丈《ほうじょう》といいます。

清寧天皇

繰り返される皇位継承の争い

清寧天皇は雄略天皇の第三子で、母は、葛城韓媛《かずらききのからひめ》です。清寧天皇即位においても、皇位継承の争いが生じたという伝承を『日本書紀』は記しています。天皇の即位に関して繰り返される争いは、避けることのできないものだったのでしょうが、それは、世界の多くの人類集団でどこでも見られる権力争奪と同じ出来事であるとみてよいと思います。人類は技術によって効率化を目指し、肉体的に楽になるような方向で進化してきましたが、精神的側面では、人類が誕生して以来、ほとんど進化していないのではないかと思うことがあります。

雄略天皇は自分の後継として、皇太子が即位すべきことと、星川皇子が王位につけば天下が乱れると言い残し死去しました。ところが、星川皇子に母の吉備稚媛《きびのわかひめ》が、天皇の位につくには大蔵を管理下におくように勧めました。この事態に、亡き天皇の臣下らは、大蔵に火をつけて、星川皇子らを焼き殺しました。星川という名は、古代の大和国山辺郡星川郷に由来するとみられ、今日の天理市南六条町、荒蒔《あらまき》町付近にあたります。

やがて事件が治まり、臣下たちによって天皇位の璽《しるし》が奉られました。そして壇《たかみくら》を磐余《いわれ》の甕栗《みかくり》（所在不明）に設けて即位しました。

清寧紀では、次にあげる記事が注目されます。大嘗祭のお供え物を取り立てるために播磨国に

「角刺宮」があったと想定される葛城市忍海地区

派遣した役人が、縮見《しじみ》（兵庫県三木市志染）の屯倉《みやけ》（大和王権直轄の土地）を管理する忍《おし》海部造細目《ぬべのみやつこほそめ》の新築の家で、市辺押磐皇子《いちのべのおしいわのみこ》（市辺押皇子とも書く。履中天皇の皇子）の子の億計《おけ》と弘計《をけ》がいるのを見つけました。この二人の王は、父の市辺押磐皇子が雄略天皇に殺害されたので、難を避けるために播磨の縮見にまで逃げたのです。

　二人の王が見つかったという報告が清寧天皇のもとにもたらされました。天皇は驚き、感動し、「何とよいことだ。悦ばしいことだ。天は大きなめぐみを、垂れたまうに、二人の子をもってなされた」と言いました。そして宮中に迎え入れ、億計王に皇太子、弘計王に皇子という地位を与えました。この記事の後、『日本書紀』には、いささか唐突に、飯豊皇女《いいどよのひめみこ》という女性が登場します。飯豊皇女の系譜関係は混乱しています。『日本書紀』の履中紀と『古事記』では、履中天皇の皇女とありますが、『日本書紀』の顕宗紀では、父は先にふれました履中天皇の子である市辺押磐皇子、母は荑媛《はえひめ》とあります。後者に従いますと二王と同母という関係になります。飯豊皇女について、清寧紀は「角刺宮《つのさしのみや》にて男と交わり、『少しばかり女の道を知りました。とくに変わったことはありませんでした。これからは、男と交わることはしません』と言った」と書かれています。さらに、その夫なる者は、誰か詳《つまび》らかではないと注記を添えています。

角刺宮の位置については、弘計王が、清寧天皇を継いで顕宗天皇になりますが、『日本書紀』の顕宗紀に忍海の角刺宮とありますので、葛城市の忍海《おしみ》付近と想定されていたようです。

顕宗天皇

月神と日神は海の彼方から伝来

前項でふれた億計《おけ》・弘計《をけ》の二王が即位を譲りあうという美談めいた話が語られ、結果として弟の弘計王が天皇（顕宗天皇）の座につきます。

そのような結果になるまで久しく月日がかかり、とりあえず飯豊青皇女《いいどよのあおのひめみこ》が忍海角刺宮《おしみのつのさしのみや》で朝政を執り、みずから忍海飯豊青尊《みこと》と称しました。宮の伝承地として葛城市忍海《おしみ》に角刺神社が鎮座しています。飯豊青皇女が空位の天皇の代わりにまつりごとをしたとすれば、初代女帝とみなすことも可能です。しかし、『日本書紀』・『古事記』とも女帝と記していません。ところが、時を経ることもなく、皇女が死去し、葛城埴口丘陵《かずらぎのはにくちのおかのみささぎ》に葬られたとあります。「陵」という表記は、天皇の位にあったことを暗示します。

葛城埴口丘陵は、葛城市新庄町の北花内《きたはなうち》にある北花内大塚古墳が宮内庁によって治定されています。平成一七年（二〇〇五）に宮内庁による調査があり、五世紀後半～六世紀前半の埴輪片数百点などが出土しました。

天皇は、近飛鳥八釣宮《ちかつあすかのやつりのみや》で即位しました。八釣という集落は明日香村にありますので、顕宗天皇の宮についての伝承は明日香村に関わるといえそうですが、近飛鳥は、河内飛鳥とみる説もあります。

近鉄下田駅近くにある顕宗天皇陵古墳（香芝市）

顕宗紀には、次のような注目すべき記事があります。概略を記して、解釈してみましょう。

阿《あ》閉臣《へのおみ》事代《ことしろ》という人物が天皇の命令で、朝鮮半島の南端地方「任那《みまな》」（加羅《から》諸国のことをさす）に遣わされました。その時、月の神が人にのりうつって、「自分の祖先である高皇産霊《たかみむすひのみこと》（霊を生成するカミ）は、天地を創造した功績がある。人々の土地を、月の神に奉れ。そうすれば、幸いと喜びがもたらされるだろう」と言いました。そこで事代は、京に帰って天皇に奏上し、山背《やましろ》国の葛野《かどの》郡にある歌荒《うたあら》樔《す》田《だ》を月神に奉りました。壱岐の県主《あがたぬし》（天皇家の御料地を管理する長官）の先祖である押見宿禰《おしみのすくね》が祭祀をつかさどったとあります。やや、話の筋がとらえにくい記事ですが、壱岐の押見宿禰がまつる神を山背に分祠して、その神をまつる土地を月神に奉ったということと解されています。

また、日の神が人にのりうつって、阿閉臣事代に「磐余《いわれ》（桜井市阿部周辺）の田を、わが祖先である高皇産霊に奉れ」と言いました。事代はすぐに天皇に奏上し、神が乞うとおりに田十四町を献上しました。対馬の下県直《しもつあがたのあたい》が祭祀したとあります。この場合は、対馬の阿麻氐留《あまてる》神社（長崎県対馬市美津島町小船越）が磐余の地に分祠されたと思われます。桜井市戒重《かいじゅう》の他田坐天照《おさだにいますあまてる》御魂《みたま》神社を想定することもできますが、さらに検討を要します。

この記事は、月神と日神が壱岐・対馬から王権の土地周辺にまつられることを述べていると考えられます。おそらく、月神と日神が海の彼方から伝来したのではないでしょうか。

仁賢天皇

後継の兄は石上広高宮で即位

仁賢天皇については、『日本書紀』の記事はわずかしか書かれていません。顕宗天皇（弘計《をけ》王）の同母兄にあたる億計《おけ》王です。二人の王の父が雄略天皇に殺されたために逃亡し、播磨国の縮見《しじみ》の屯倉《みやけ》にいるところを見つけられたという話はすでに述べました（七七頁）。顕宗朝には、億計王は皇太子の地位にあったと『日本書紀』には書かれています。この時代、皇太子という制度がなかったのですが、次の皇位を継承する立場にあったと思われます。弟の天皇が死去しましたので、石上広高宮《いそのかみひろたかのみや》で即位しました。石上と言いますから、天理市の石上のあたりだと思われますが、正確な場所はわかりません。ところが、『日本書紀』は「或る本に云はく」として仁賢天皇の宮は二カ所あったとして「川村」と「縮見の高野」をあげています。そして、この二カ所の宮は、宮殿の柱が今に至るまで朽ちないで残っているとあります。石上広高宮と、後者の二カ所の宮との関係は、即位した宮と即位前の宮ではないかと思われます。

先代の顕宗天皇についても、近飛鳥八釣宮《ちかつあすかのやつりのみや》に即位したとして、「或る本に云はく」として、小郊《おの》と池野に宮があると記しています。さらに続けて「又或る本に云はく」として、甕栗《みかくり》に宮を造るとあります。この場合も近飛鳥八釣宮で即位しますが、小郊と池野は即位前の宮であったのではないでしょうか。ただ、甕栗の宮は、顕宗天皇の前代、清寧天皇の磐余の甕栗宮をさしてい

仁賢天皇が即位したとされる「石上広高宮」の伝承地（天理市）

るとみてよいでしょう。としても、近飛鳥八釣宮との関係については、よくわかりません。

一方、『播磨国風土記《はりまのくにふどき》』（奈良時代に作られた国別の地誌書）の美嚢郡《みなぎぐん》（兵庫県三木市周辺）の条に、二王がこの土地に、高野の宮、少野《おの》の宮、川村の宮、池野の宮を営んだと記しています。これらの宮の正確な比定地は不明ですが、三木市志染《しじみ》周辺だと思われます。

右に引用しました、顕宗紀と仁賢紀に「或る本に云はく」の「或る本」は、『播磨国風土記』のことではないかという説があります。『播磨国風土記』の成立は、霊亀元年（七一五）前後とされていますので、養老四年（七二〇）に撰上された『日本書紀』は、『播磨国風土記』を参照したことは十分に考えられます。

仁賢紀には、皇后の宴席でのマナーについて、次のような話を載せています。

難波小野皇后《なにわのおののきさき》（顕宗天皇の皇后）は、礼儀に従うことができずに自殺しました。その理由は、次のようなことです。顕宗天皇の時に、皇太子であった億計王は、宴席で瓜を食べるのに、瓜を割る刀子がありませんでした。そこで顕宗天皇は、自分の刀子をとって億計王に渡すように皇后に命じました。ところが皇后は、立ったまま刀子を瓜の皿におきました。また、その宴席で酒を酌んで、立ったまま皇太子をよびました。立ったまま宴席で振る舞ったことによって、罰せられることを恐れて、自ら命を断ったと言います。しかし、天皇の皇后となる女性が、マナーを知らなかったために自殺するとは、想像できません。おそらく、『日本書紀』には書かれなかった複雑な事情があったと思われます。

武烈天皇

法令の知識の一方で暴挙も

武烈天皇は仁賢天皇の太子で、法令に詳しく罪を裁く知識をもっていました。しかし、その反面、みずから悪事をなし善いことをしませんでした。人々は恐れて震えていました。

仁賢朝の大臣であった平群臣真鳥《へぐりのおみまとり》は、仁賢天皇が死去したあと、政治をほしいままにし国王になろうとまでしました。

太子（後の武烈天皇）が、物部麁鹿火《もののべのあらかひ》の娘、影媛《かげひめ》を宮に迎えようとして、仲人を介して会う約束をしました。ところが、影媛はすでに、平群真鳥の息子である鮪《しび》と関係をもっていました。影媛は、太子の申し出を断ることを恐れて、とにかく、歌垣の場である海柘榴市《つばいち》（通説では椿市観音のある桜井市金屋とするが、観音がいつからまつられたかは不明）でお待ちするという返事をしました。先に太子が海柘榴市にやってきて、影媛の袖をつかまえ、立ち止まったり歩いたりして気持ちを誘いました。しばらくして、平群鮪がやってきて、太子と影媛の間に、わって入りました。そのため太子は、影媛の袖をはなして、鮪の前に立ち、歌をうたいました。一人の女性の気をひくための歌垣の始まりです。

二人が三首の歌を互いにかけあいました。太子の三首目の歌は影媛に贈られました。

「（現代語訳）琴の音にひかれて寄り添う影のような媛よ、あなたが玉ならば、私が欲しいあ

後に武烈天皇となる太子が訪れたとされる海柘榴市想定地（桜井市金屋地区）

わびの真珠のようだ」。鮪は影媛に代わって、その歌に答えました。「（現代語訳）大君の御《み》帯《おび》の倭文織《しつおり》（日本風の織物）の結び垂れという『垂れ』の言葉に通じる『誰《だれ》』か、他人に思いを寄せてはいません」と。太子はこの歌を耳にして、影媛が鮪に通じていることを知り、怒りました。太子の指令を受けた大伴《おおともの》金村《かなむら》は数千の兵を率いて、乃楽山《ならやま》（平城山）で鮪を殺しました。影媛は鮪の殺されるところに行き、その現場を目にしました。驚き、おののき、心あるところを失い、目に悲しみの涙があふれ、歌いました。それは、愛する鮪の後を追うさけび声さえも感じられる道行きの歌でありました。

「（現代語訳）石上《いそのかみ》の布留《ふる》（天理市付近）を過ぎ、高橋（布留川にかかる橋か）を過ぎて、大宅《おおやけ》（奈良市の白毫寺《びゃくごうじ》付近）を過ぎ、春日（奈良市の春日野付近）を過ぎて、小佐保《おさほ》（佐保川のあたり）、死者に供える器に飯を盛り、美しい椀に水を盛り、泣きぬれていく影媛よ、哀れ」

武烈紀の文脈からは、天皇（大王）と平群氏との対立を読み取ることができます。平群臣真鳥は、大伴金村によって殺され、武烈天皇は泊瀬列城《はせのなみつき》に壇場《たかみくら》をつくり、即位しました。しかし、天皇は多くの暴挙を繰り返しました。たとえば、妊婦の腹を割いて胎児を見たり、人のなま爪を抜いて山芋を掘らせたり、あるいは、人の髪の毛を抜いて樹木の先端に昇らせ、その樹木の末のところを伐採して、昇った者を落として死ぬのを楽しんだと、『日本書紀』に書かれています。想像を絶する天皇の行為を、なぜ史書に書きとどめたのでしょうか。人間社会における支配の残酷さを考えようとしたと思えます。

継体天皇

宮を転々…継承に強い抵抗

『日本書紀』によりますと、継体天皇（男大迹《おおど》天皇）は応神天皇の五世の孫で父は彦主人王《ひこうしのおおきみ》、母は振媛《ふりひめ》とあります。振媛の容貌が美しいというのを耳にして、彦主人王は近江国高嶋郡の三尾《みお》（滋賀県高島市安曇川町三尾里）の別邸から使いを遣わし三国の坂中井《さかない》（福井県坂井市）から迎えて妃としました。そこで将来継体天皇となる子供（男大迹王）が生まれましたが、彦主人王が亡くなったので、振媛は高向《たかむこ》（福井県坂井市丸岡町）の実家に帰り、その地で子供を養育することにしました。

先代の武烈天皇には皇子女がなく、後継の天皇が絶えようとしていました。そこで、大伴金村《おおとものかなむら》大連《のおおむらじ》は、越前の三国から男大迹王を天皇として招くことにし、男大迹王は河内の樟葉《くずは》宮（大阪府枚方市）で天子の璽《みしるし》符である鏡と剣を受けました。

さて、このあたりから、継体天皇をめぐる複雑な議論が待ちかまえています。河内の樟葉で即位したのち、山背の筒城宮（京都府京田辺市）、弟国宮（京都府長岡京市）を転々とし、やがて、即位二〇年目にして大和の磐余玉穂《いわれたまほ》宮（奈良県桜井市）を都とすると『日本書紀』に書かれています。このように、宮を転々として移ったのは、継体天皇がこれまでの王朝を正式に継承した人物ではなく、他の系譜につらなるので、大和に王宮をもつにあたって強い抵抗があったと解釈す

田園が広がる桜井市内。継体天皇が磐余玉穂宮を置いたとされる

る説があります。継体天皇を語る上で、もっとも難しい問題です。

継体天皇が、磐余の玉穂宮に至るまでに、抵抗勢力による妨害があるとすれば、『日本書紀』にそのようなことを示唆する記事があってもよさそうですが、全く触れていません。しかし、このことも、『日本書紀』の立場で意図的に触れていないのかもしれません。よく考えねばならない重要なテーマではないかと思います。

継体紀全体を通して書かれている内容は、結果として内政に関するものですが、大部分は朝鮮半島における倭国の王権の施政に関することに重点がおかれています。とくに、住吉の神が応神天皇に与えた朝鮮半島の土地の一部である「任那《みまな》」（『日本書紀』では朝鮮半島の南端地域の加羅諸国の総称として用いる場合が多い）の四県を百済に割譲したことが書かれています。己汶《こもん》や帯沙《たさ》という土地の領有をめぐって、倭国は百済を支持します。

　そこで、あらためて継体天皇の出自についての説に注目してみましょう。『古事記』の武烈天皇段によると、武烈天皇には「日続《ひつぎ》知らすべき王《みこ》（即位後継者）無かりき」と記して、応神天皇の五世の孫にあたる袁本杼《おおど》命が近江国より上らせて手白髪《たしらが》命（仁賢天皇の皇女）と結婚し、天下を治めたと、書かれています。『日本書紀』のように、転々と宮を移したという伝承は述べられていません。つまり、越前から迎えたという記事はありません。このように、『古事記』と『日本書紀』に異なる伝承があるとき、自分の説に都合のよい方を採用することは許されませんが、あえて共通項を探ると、近江と関係があるということです。このことを受けて展開してみましょう。

継体天皇と関係する息長氏が進出したとされる桜井市忍阪地区

磐井の乱は百済と新羅の勢力争い

継体天皇の出自は、近江に関係あるらしいと述べました。そのことを推測させる一つの説は、七世紀頃に成立した『上宮記《じょうぐうき》』や『古事記』、『日本書紀』から継体天皇に至る系譜をつなげますと、近江の息長《おきなが》氏と継体天皇の関係がみられることによります。息長氏については神功皇后を扱った際にも述べましたが、近江の坂田郡（米原市付近）に拠点をもちながら、大和の忍坂《おしさか》（桜井市）に進出してきた氏族です。

この説にしたがって継体天皇の系譜を推定してみますと、すでに允恭《いんぎょう》天皇の皇后に息長氏の血を引く忍坂大中姫《おしさかのおおなかつひめ》の名が知られますので、息長氏は、継体朝以前に大和に拠点をもっていたと解釈できます。

このような視点から眺めてみますと、息長氏の血統につながる継体天皇が河内の樟葉宮で即位し、二〇年もかけて徐々に大和の磐余に玉穂宮を造るという、王権の大和進出のストーリーを想定する必要はないのではないかと思います。むしろ、樟葉、山背の筒城宮、弟国宮に宮を営んだのは、別の理由があったのではないかとも考えられます。一つの想像ではありますが、すでに触れましたように、いわゆる「任那四県の百済への割譲」など、百済とのつながりが密になり、淀川水系と巨椋池に水軍を駐留させる布陣であったかもしれません。後に樟葉に百済寺、百済王神社が造られますが、その以前から百済からの渡来系の人々の居住地であったことも考えられます。

とすると、朝鮮半島での問題が小康状態になった頃、継体天皇は磐余に宮を営んだのではないかとも想定できる余地があると思います。だが、息長氏がどのような氏族であったかは、よくわかっていません。このことについては、さらに研究の進展を待たねばなりません。ただ言えることは、継体朝が百済に関心をもっていたことは、すでに述べた通りで、『日本書紀』には百済の武寧王の死去や聖明王の即位にもふれています。

継体朝の国内の大事件は、六世紀の初めに北九州で筑紫国造磐井《いわい》が起こした磐井の乱とよばれる反乱です。『日本書紀』によりますと、継体天皇二一年（五二七）六月、朝廷は新羅に破られた地域を奪還するため、近江毛野臣《おうみのけののおみ》を六万の軍勢を率いて「任那（加羅地方）」に派遣することにしました。磐井はこの進撃を妨げる挙にでました。朝廷では物部麁鹿火《もののべのあらかひ》を大将に任命し、磐井の反乱軍を鎮圧しました。大勢的に見れば、日本における百済と新羅の戦争とみることができます。

磐井の子葛子《くずこ》は、父の罪が自分に及ぶことを恐れ、糟屋屯倉《かすやのみやけ》（福岡県糟屋郡）を献上したとあります。『日本書紀』の記述はさらに、詳しく「任那」での状況を記していますが、それによりますと、乱の鎮圧の後、近江毛野臣は加羅地方に渡りますが、失地を回復することはできませんでした。

磐井の墓所は、『筑紫国風土記』（逸文）に「高さ七丈、周り六十丈……石人と石盾各六十枚……」とある記述から、福岡県八女市の岩戸山古墳であることは、まちがいないとされています。

安閑天皇

諸国から派遣された屯倉耕作民

安閑天皇は継体天皇の長子で、母は目子媛《めのこひめ》（尾張連草香の娘）と言いました。安閑天皇は、幼い時から器量が大変すぐれ、猛々しくかつ寛大であったと『日本書紀』は記しています。

安閑天皇紀は屯倉《みやけ》（大王および王族の所領）に関する記事が多く書かれています。内膳卿《かしわでのつかさ》（大王の食事をつかさどる長官）である膳臣大麻呂《かしわでのおみおおまろ》が、天皇（大王）の命令にしたがって、使いを伊甚《いじみ》（現在の千葉県夷隅郡・勝浦市あたり）に遣わして真珠を求めに行かせました。ところが、伊甚国造《くにのみやつこ》（王権の地方官で、土地の有力豪族の世襲によることが多かった）が、京《みやこ》に来ず、定められた時期までに献上しませんでした。

膳臣大麻呂は大いに怒り、国造をとらえてその理由を聞きただしました。国造の稚子直《わくごのあたい》たちは恐れて、後宮（后妃や女官らが住む宮中の御殿）の寝殿に逃げかくれました。宮中乱入の事態を起こした国造らは、皇后のために伊甚屯倉を献上し、罪を贖《あがな》うことにしました。このような贖罪《しょくざい》によって屯倉が成立する場合がありました。

天皇は、臣下の大伴大連金村《おおとものおおむらじかなむら》に「自分は四人の妻をもつが、今に至るまで世継ぎがいない。長い年を経ると、自分の名が絶えてしまうであろう」と不安を隠しきれませんでした。そこで大伴大連金村は「わが国では、天下の王となられた方は、世継ぎのあるなしにかかわらず、物によっ

安閑天皇の同意で与えられた小墾田屯倉があったとされる明日香村

てお名前を後世に残されます。よろしければ、皇后や妃のために屯倉の地を定め、後の世にその名を留め、御事跡を伝えなさいませ」と申し上げました。

天皇の同意にしたがって、小墾田《おはりだ》屯倉（奈良県高市郡明日香村あたり）と、国々から派遣された田部《たべ》（屯倉を耕作する民）とを紗手媛《さてひめ》（許《こ》勢男人大臣《せのおひとのおおおみ》の娘）に、桜井屯倉（大阪府東大阪市池島あたり）と、やはり国々から派遣された田部を香香有媛《かかりひめ》（紗手媛の妹）に、また難波《なにわ》屯倉と郡ごとに出身の耕作民を宅媛《やかひめ》（物部《もののべ》木蓮子大連《いたひのおおむらじ》の娘）に与えました。

屯倉耕作民が諸国から派遣されたという記事は、奈良県にかつての国、例えば三河、石見、但馬などの名前を付けた集落があることと関係することも考えられます。

安閑天皇紀から、もう一例屯倉の成立の記事をあげておきましょう。天皇が大伴大連金村を従えて三嶋（大阪府高槻市・茨木市あたり）に行幸したおりに、県主飯粒《あがたぬしいいぼ》という土地の豪族に良田を献上することを求めました。県主飯粒は、喜んで四〇町からなる竹村屯倉《たけふ》をたてまつりました。

もともと、三嶋は安閑天皇の父、継体天皇にゆかりのある土地でした。継体天皇陵は今日の考古学の調査では、大阪府高槻市の今城塚古墳である可能性が高いと言われています。ですから、三嶋竹村屯倉は安閑天皇の行幸に際して設定されたのではなく、本来、継体天皇に関わる氏族の土地であることを安閑天皇に即して述べたと思われます。

宣化天皇

那津のほとりに稲穀を集め収納

安閑天皇について即位したのは、継体天皇の第二子の宣化天皇です。宮を檜隈《ひのくま》の廬入野《いおいりの》宮（明日香村檜前付近）に営みました。『日本書紀』は、宣化天皇について「人柄が清らかで、心は明朗で、他人に対して、自分の地位を誇ることもなく、王たることをことさら示すこともなかった」と記しています。

『日本書紀』に書かれている宣化天皇の詔《みことのり》に次のようにあります。「食は、天下の根幹である。金が豊かにあったとしても、飢えをいやすことができない。真珠が千箱あったとしても、寒冷から人を救うことができない。そもそも、筑紫の国は、遠近の国々が朝貢してくる所で、行き来の関門となっている。海外の国は、海の様子や天候の状況をうかがって、この地に到来する。そのため応神天皇の時代から、私の代まで、稲穀を収蔵してきた。凶作に備え、賓客を接待する際に用いてきた。国の安泰のために、これ以上のものは、ありえないだろう」。

茨田《まんだ》（大阪府寝屋川市・守口市・門真市周辺）の屯倉《みやけ》、尾張国の屯倉、新家《にいのみ》（三重県一志郡あたり）の屯倉、伊賀国の屯倉などから稲穀を運ばせて、官家《みやけ》を那津《なのつ》（福岡市）のほとりに建てることを命じました。また、筑紫・肥《ひのくに》（長崎県・熊本県）・豊《とよのくに》（福岡県東部・大分県）の三国の屯倉は分散して立地していて、輸送に不便で緊急の時に役に立たないので、各地の屯倉から那津のほとり

宣化天皇が宮を営んだとされる明日香村檜前付近

に稲穀を集めて、それらを収納する建物をつくることも指示しました。

那津は、福岡市を流れる那珂川のかつての河口付近とみてよいと思われます。那津の官家は、九州地域の稲穀を収納するとともに、朝鮮（韓）半島から倭国へ来航してきた海外諸国の使節らの到着港であったので、当然のことながら、難波津《なにわ》（大阪市）と並ぶ国家的な要港でありました。

さて、安閑天皇と宣化天皇について述べて来ましたが、記紀の順序によりますと次は欽明天皇になります。実は、この三人の天皇の即位については、複雑な説が、かねてより提起されているのです。

『日本書紀』の本文に、継体天皇は、同天皇二五年（五三一）に崩御したとあります。ところが、『日本書紀』の安閑天皇元年は、五三四年となり、この間に空位が生じることになります。継体天皇の亡くなった年を『日本書紀』が記すのは『百済本紀』を史料としたとあります。「或る本に云はく」として、一説として継体天皇二八年（五三四）に崩御したという別の説も掲げています。ところがさらに『百済本紀』によって、継体天皇二五年に「日本の天皇および太子・皇子がともに亡くなった」という伝聞記事もあげています。奈良時代に著わされたと思われる『上宮《じょうぐう》聖徳《しょうとく》法王《ほうおう》帝説《ていせつ》』では、継体天皇二五年に欽明天皇が即位したと記すので、継体天皇二五年に皇位をめぐって異変が起こり、欽明天皇が即位したが、五三四年に安閑天皇も即位して、二つの王朝が同時に存在したという、いわゆる二朝並立論が一説としてとなえられてきました。つまり、欽明朝と安閑・宣化朝が同時に存在するという異例な状況があったとするものです。そして『日本書紀』がいう欽明天皇元年（五四〇）に王朝は統一し、五七二年まで欽明朝が続くと解釈する説です。

欽明天皇

蘇我氏の権力が芽生える時代

欽明天皇の時代も、歴史の大きな転換点でした。一つは、蘇我氏の権力が芽生える政治的状況がつくられました。二つ目は、外交関係において、日本（倭国）の拠点と『日本書紀』が記す「任那《みまな》」（朝鮮〈韓〉半島の南端部）をめぐる朝鮮半島との政治的情勢の中で仏教が公伝されます。これらのことが複雑に絡みながら、欽明朝は展開していきます。

蘇我氏にとって権力に近づくきっかけとなるのは、蘇我稲目《そがのいなめ》が宣化天皇の時に続いて再び大臣となったことでした。欽明天皇は宣化天皇の娘石姫《いしひめ》を立てて皇后としますが、五人の妃《みめ》のうち蘇我稲目の娘が二人召されました。堅塩媛《きたしひめ》とその妹の小姉君《おあねのきみ》です。姉の堅塩媛は七男六女を産み、その中の二人が次の世代に用明天皇と推古天皇となります。小姉君は四男一女を産みましたが、やはり二人が崇峻天皇と用明天皇の皇后（聖徳太子の母）となります。蘇我稲目が蘇我氏の権勢の端緒となったことが明らかです。

朝鮮（韓）半島の問題の中心である任那は、『日本書紀』では、朝鮮（韓）半島の南端部の加耶諸国の汎称を指す地域名として使っています。

これまでの歴代天皇に仕えてきた大伴金村《おおとものかなむら》が失脚します。継体天皇の時代に、百済にあっさりと任那四県を与えたという責任をとって、住吉の宅にこもりました。慰留されましたが、政治

近鉄飛鳥駅近くにある欽明天皇陵古墳（明日香村）

の舞台から退きました。それほど、倭国にとって任那は重要な場所であると『日本書紀』は記述しています。

欽明天皇紀は、任那の失地回復に関する記事に多くを割いていますが、百済、新羅、高句麗や加耶諸国の複雑な関係を解きほぐし、史実に迫るのは容易なことではありません。この絡み合った倭国と朝鮮（韓）半島諸国の外交関係で、「任那日本府」という言葉が使われています。このことについて、田中俊明氏の見解を参考にしながら述べておくにとどめたいと思います。

新羅は五三二年、今の金海《キメ》にあった金官国を併合したと『三国史記』に書かれています。日本の継体朝の頃です。このため加耶地方は、新羅に対して強い危機感をいだき、百済の後押しによって現在の咸安《ハマン》付近にあった安羅を中心とした連合体制をつくります。特に安羅は倭国と百済に救援を求めます。こうして、加耶地方において、新羅と百済の対立が鮮明になります。ところが、安羅が新羅よりにスタンスを変えていきます。当然、百済は危機感を募らせ、加耶諸国に対して新羅に加担しないように説得します。そこで、このような状況で百済は、いわゆる「任那日本府」にもよびかけます。「日本府」は「やまとのみこともち」と訓まれています。「みこともち」とは官人のことで、倭国から派遣された人たちで、その実態は欽明紀一五年条にいう「安羅に在る諸々の倭臣ら」とみることができます。任那日本府というのも、当時日本という国名はないので、任那倭国府とでもいうべきでしょう。安羅に駐在したいわゆる日本任那府は、安羅の方針にそって新羅よりになっていきます。

百済の聖明王は、任那復興という名のもとに、倭国の協力を得て新羅に対抗するために画策しますが、任那日本府を引き寄せることができず、百済に有利となる結果は得られませんでした。

百済の聖明王から仏教公伝

欽明天皇紀一三年（五五二）一〇月条に、百済の聖明王（聖王）が、使いを遣わして、金銅の釈迦仏一体、幡蓋《はたのきぬがさ》若干、経論若干巻を天皇に奉ったとあります。次のような上表文が添えられていました。

「仏法は、最もすぐれた教えでございます。理解がむずかしく、入門し難いものです。儒教の偉人である周公や孔子も、知ることができないのです。この教えは、限りのない福徳と果報を生み出し、無上の菩提（悟り）の境地に達することができます。譬《たと》えて言うならば、人の思うがままになる宝珠のようなものです。……遠く天竺《てんじく》（インド）から三韓（朝鮮）に至るまで、仏法を敬っていないところはありません」

天皇は大変喜び、群臣一人ひとりに、「西蕃《にしのとなりのくに》のたてまつった仏の顔は厳かで、これまでなかったものだが、礼拝すべきであろうか」と尋ねました。蘇我稲目は「西蕃の国は、みな礼拝しています。わが国だけが、背くわけにはなりませぬ」と申し上げました。物部尾輿《おこし》と中臣鎌子《かまこ》は「わが天皇は、多くの神を春夏秋冬おまつりなさっている。今さら、蕃神《あたしくに》（他国）の神を拝めば、国つ神の怒りをかうことになりましょう」と申し上げました。そこで、天皇は蘇我稲目に試みに礼拝させることにしました。稲目は、小墾田《おはりだ》（明日香村）の家に安置し、仏道の修行をし、向原《むくはら》（明日香村豊浦）の家を寺としました。ところが疫病が流行して多くの人々が亡くなり、治療の方法もありませんでした。

この事態について物部尾輿と中臣鎌子は、自分たちのやり方がとり上げられなかったので、このような病死が出たと言い、「すぐにでも元にもどせば、きっと良いことが起こるだろう。早く仏像を投げ棄てて、その後の幸せを求めて下さい」と天皇に申し上げました。天皇はそのようにすることを命じて、官人たちは仏像を難波の堀江に流し棄て、寺の伽藍《がらん》に火をつけて焼き尽くしました。天に風も雲もないのに天皇の宮殿（磯城嶋金刺宮《しきしまのかなさしのみや》、桜井市）から出火するという不思議な事件が起こりました。

しばらくの月日が経って河内の国から、和泉地方の茅渟《ちぬ》の海から雷鳴のように響き、太陽のように照り輝くがごとく仏の音楽が聞こえてくるという知らせがありました。天皇は不思議に思い、使いを派遣して海に入って探させました。すると楠の木が照り輝きながら海に浮かぶのを見つけ

欽明天皇が作らせたとされる仏像がある世尊寺（大淀町）

ました。その楠の木を献上された天皇は、仏像二体を作らせました。これらは吉野寺（比蘇《ひそ》〈曽〉寺《でら》、現在の吉野郡大淀町の世尊寺）で光り輝いている仏像だということです。

以上が、『日本書紀』に書かれている仏教公伝の記事の概要です。ところが、『上宮聖徳《じょうぐうしょうとく》法王帝説《ほうおうていせつ》』には、五三八年に仏教公伝とする記載があります。この違いは聖明王の即位年の伝承が異なる史料によって、五一三年説と五二七年説があるためと言われています。近年では、聖明王の即位年は、五二三年とするのが確実であるとされ、仏教公伝を五四八年とする説もあります。いずれにしても欽明朝に仏教が百済からもたらされたことになりますが、これはあくまでも公伝であって、実際はこれよりも早い時期に、倭国に仏教が伝えられていたと思われます。

敏達天皇

「内憂外患」抱え、混乱の兆しも

敏達《びたつ》天皇は、欽明天皇第二子で、母親は宣化天皇の皇女石姫です。最初の宮である百済大井宮の所在地は、大阪府河内長野市とする説や奈良県の広陵町とする説などがあり、断案はありません。その後、訳語田《おさだ》（桜井市戒重《かいじゅう》）に宮を遷し、幸玉宮《さきたまのみや》と称しました。

敏達天皇紀にも、朝鮮半島に関する記事が少なからず書かれています。特に高句麗について、次のようにあります。

今の京都府木津川市にあったと思われる相楽館《さがらかのむろつみ》に、高句麗の使者が天皇への上表文を持参しましたが、読めるものがありませんでした。というのもカラスの羽根に墨書されていたからです。そこで、船史《ふねのふびと》の祖先にあたる王辰爾《おうじんに》は、羽根をご飯をたくときに出る湯気で蒸し、帛《ねりぎぬ》（柔らかくした上質の絹）を羽根に押して文字を写して読み取ったと、『日本書紀』に書かれています。このことに関して、上表文がなぜカラスの羽根に墨書されていたのか、さらにその内容はどのようなものだったかなど、不明な点があります。しかし、これまで倭国との関係がよくなかった高句麗が、外交関係をもつようになった状況が読み取れます。その後、越《こし》の海（北陸地方の日本海）の海岸に漂着する事件もあり、倭国側が渡来の目的について不信感を持ちましたが、やがて京に導くことになりました。

敏達天皇は息長真手王《おきながのまてのおおきみ》の娘である広姫を皇后に迎えました。第一子の押坂彦人大兄皇子《おしさかのひこひとのおおえのみこ》が後の舒明天皇の父にあたります。ところが皇后の広姫が亡くなり、豊御食炊屋姫尊《とよみけかしやひめのみこと》（後の推古天皇）を皇后に立てました。豊御食炊屋姫尊には、蘇我氏の血が流れています。このあたりから政治の状況が、混迷を深めていく予兆が見えてきます。つまり、次第に息長氏と蘇我氏の関係が対立の方向に進んでいきます。

敏達天皇が幸玉宮を置いたとされる桜井市戒重地区

敏達朝の外政は、高句麗の他に新羅、百済とのつながりも予断を許さない国家バランスが強いられますが、内政では東北地方の蝦夷との対峙が深刻化していきます。

蝦夷数千人が辺境で反乱を起こしましたので、その首領である綾糟《あやかす》を呼び寄せて、次のように詔を下しました。「おまえたち蝦夷は、景行天皇の時代に殺すべき者は殺し、許すべき者は許した。今、朕も前例にしたがって、首謀者を殺そうと思う」。この詔によって綾糟は恐れかしこみ、初瀬川に入って三諸岳《みもろのおか》（三輪山）に向かい、水をすすり「私ども蝦夷は今より後、子々孫々、清らかで明るい心をもって天皇にお仕えいたします。もし誓約に反するならば、天地の神々と天皇霊が、わが種族を絶えさせるでありましょう」と誓いました。

用明天皇

蘇我氏の内部にも複雑な事情

用明天皇は欽明天皇の第四子です。宮を磐余《いわれ》において、池辺雙槻宮《いけのべのなみつきのみや》とよばれました。「池辺」の「池」は、磐余池をいうことはまちがいないでしょう。磐余池については履中天皇のところでふれましたので、ここでは、簡単に述べておきたいと思いますが、磐余池の所在地がはっきりとしないかぎり、その池のそばにあったとする用明天皇の宮の位置を比定することはできません。磐余池の場所については、橿原市東池尻・桜井市池之内あたりではなく、まちがいなく桜井市谷付近とするという論証を、いずれ拙著で報告するつもりです。

『大和志』（享保二一年＝一七三六）によりますと、石寸《いわれ》山口神社について「今、双槻神社と称する」とあります。石寸山口神社は桜井市谷に鎮座していますが、本来の社地の場所かどうかはわかりません。とはいえ、そんなに大きく移動したとは考えられません。同じく桜井市谷に東光寺跡がありますが、山号を磐余山といいますから、磐余地方のシンボル的な丘陵であったと思われます。ですから、用明天皇の宮は桜井市谷の周辺に求めてよいでしょう。

用明天皇の皇后は、穴穂部間人皇女《あなほべのはしひとのひめみこ》といい、欽明天皇の第三皇女です。ここで、系譜関係を整理してみましょう。用明天皇も穴穂部間人皇女も、父は欽明天皇です。用明天皇の母は、蘇《そ》我稲目《がのいなめ》の娘、堅塩媛《きたしひめ》です。穴穂部間人皇女の母は、堅塩媛の妹、小姉君《おあねのきみ》です。用明天皇と皇后との間に生まれたのが聖徳太子です。つまり聖徳太子は、蘇我氏の血を濃く受け継いだといえます。

欽明天皇と小姉君の間に生まれた穴穂部皇子は、敏達天皇崩御後、殯宮《もがりのみや》に乱入し、敏達天皇の皇后であった炊屋姫《かしきやひめ》（後の推古天皇）を犯そうとします。それを防ごうとして、敏達天皇の寵臣三輪君逆《みわのきみさかう》が殯宮の門を閉ざしました。

桜井市谷に鎮座する石寸山口神社

穴穂部皇子は、その無礼な行為のために大臣の蘇我馬子と大連《おおむらじ》の物部《もののべ》弓削守屋《ゆげのもりや》に「斬り殺したい」と言ったところ、「気がすむように」との答えが帰ってきました。密かに皇位を狙っていた穴穂部皇子は、三輪君逆を殺害することを口実にして物部弓削守屋とともに、軍兵を率いて用明天皇の宮を取り囲みました。これを察した三輪君逆は三輪山に隠れ、夜半に山を出て炊屋姫の後宮（炊屋姫の別荘であった海石榴《つば》市宮《いちのみや》）に隠れました。あげくのはてに、三輪君逆は斬り殺されました。

その後穴穂部皇子は、物部弓削守屋に支持されて皇位を目指しますが、蘇我馬子の遣わした者によって、仲間とみなされていた宅部皇子《やかべのみこ》とともに殺されてしまいます。穴穂部皇子の母は小姉君で蘇我氏の血が流れているにもかかわらず、物部氏に近づいていることから、蘇我氏の内部でも複雑な事情があったのではないかと思われます。

崇峻天皇

蘇我馬子に暗殺された天皇

崇峻天皇は、欽明天皇の十二子であると『日本書紀』に記されています。母親は蘇我稲目の娘、小姉君《おあねのきみ》です。聖徳太子の母穴穂部間人、穴穂部皇子も小姉君を母とします。

崇峻天皇が即位する前に、蘇我氏と物部氏との間に戦いが起こります。崇仏派と排仏派の戦いと思われがちですが、実情は権力闘争とみるのが通説となっています。大阪府八尾市渋川の渋川廃寺は、飛鳥時代に創建された寺で、物部氏と関係が深いと考えられています。ですから物部氏も仏教を信仰していたことになります。

この戦いに蘇我氏側は、諸王と群臣とを動員して物部氏を攻めます。一方、物部氏側は、物部守屋《もりや》みずからと子弟・奴《やっこ》が前面に出て戦いに挑みます。蘇我氏側が退却することもありました。

聖徳太子は蘇我氏側の一員として参戦しますが、戦況が思わしくないと察知し、ヌリデという霊木で四天王の像を作り、髪の上に置いて「もし敵に勝つことができれば、護世四王《ごせしおう》のために寺院を建てましょう」と誓願をしました。蘇我馬子《うまこ》もまた「勝利できれば、寺塔を建て、仏法を広めましょう」と誓願しました。結果として蘇我氏側の勝利となり、四天王寺を建立することになりました。発掘調査によりますと、金堂が最初に建立され、聖徳太子建立の斑鳩寺（若草伽藍）と同氾の瓦が用いられていて、四天王寺も聖徳太子の開基になるとみてよいでしょう。

崇峻天皇元年（五八八）、飛鳥寺（法興寺）の建立工事が飛鳥の真神原《まかみはら》で始まりました。百済から僧侶が遣わされ、仏の舎利、寺工《てらのたくみ》（建設の技術者）、鑪盤博士《ろばんのはかせ》（塔の相輪部分を鋳造する技術者）、瓦博士、画工が献上されました。

崇峻天皇は群臣に「任那《みまな》」復興について意見を求めたところ、「任那の官家《みやけ》」の復興について天皇の考えと同じであると奏上しました。朝鮮（韓）半島の南端部の伽耶《かや》地方を『日本書紀』では「任那」と記しています。敏達朝から崇峻朝に至る間、新羅からの「任那の調《ちょう》」を復活させることが外交上の重要な問題となっていました。「任那」に、倭国が名目的な領有権をもつとして、その地を領有している新羅に貢物（任那の調）を要求しました。筑紫に二万余の軍を駐屯させていますのは、新羅に対する威嚇作戦であると解釈できます。

聖徳太子が建立した四天王寺（大阪市天王寺区）

天皇に猪が献上されたとき、「いつか、この猪の首を斬るように、憎い者を斬りたい」と言い、多くの武器が集められました。蘇我馬子は天皇に憎まれていることを恐れ、東漢直駒《やまとのあやのあたいこま》に天皇を殺させました。その後東漢直駒が蘇我嬪河上娘《そがのみめかわかみのいらつめ》を奪って妻としたことを知った馬子によって、殺されてしまいました。

推古天皇

蘇我氏に推された初の女帝

『古事記』『日本書紀』によるかぎり、推古天皇はわが国で最初の女帝です。敏達《びたつ》天皇の皇后で、和風の諡号《しごう》（おくりな）は豊御食炊屋姫《とよみけかしきやひめ》とよばれました。豊は美称、御食は神に供える食べ物あるいは天皇の食事のことをいいます。炊屋は食事をつくる建物のことをいうのでしょう。やや謎めいた呼び方のようですが、敏達天皇の死後五年三カ月もの長期にわたって殯宮《ひんきゅう》（埋葬まで安置しておく宮殿）で共食したことによるのではないかという一説があります。

実名は額田部皇女《ぬかたべのひめみこ》といいます。崇峻天皇が殺された後、後継天皇として、おそらく蘇我馬子が額田部皇女の即位を促したものと思われます。額田部皇女は固辞しましたが、群臣らの強い要請によって、天皇位をうけることになりました。

豊浦宮《とゆらのみや》（明日香村豊浦付近）で即位し、後に小墾田宮《おはりだのみや》（雷丘東方か）にうつります。いずれも蘇我稲目にゆかりのあるところです。

『日本書紀』には聖徳太子を皇太子として「録摂政《まつりごとふさねつかさど》らしむ」とあります。後世の「摂政《せっしょう》」、つまり天皇が幼少であるか、あるいは女帝の場合に代わって政治をする、あるいはする人という意味とは異なります。聖徳太子の場合は、政務をすべて任せられたことをいっているのです。この文に続いて「万機《よろづのまつりごと》を以て悉《ことごと》に委《ゆだ》ぬ」と、さらに説明を加えています。これらの記述は、聖徳太子の立場を考えるとき大変重要なことです。

　近年、「聖徳太子はいなかった」という議論がされ、聖徳太子の政治への貢献を過小評価しようとする傾向が研究者の中にも散見され、学校の教科書までその影響を受けています。そして、推古朝の政治は推古天皇と聖徳太子、および蘇我馬子の三人による、いわゆる「三頭政治」のようにとらえようとする傾向があります。

推古天皇が即位したとされる明日香村豊浦付近

　用明紀にも、聖徳太子について「万機を総摂《ふさねかはりて》、天皇事《みかどわざ》したまふ」とあります。これらの表現を素直に解釈しますと、聖徳太子は天皇代行のような任務にあたっていたとみなすことができます。ただ、「皇太子」という言葉は、後の時代の用語を『日本書紀』が用いていて、推古朝に皇太子という言葉は使われていなかったと考えられます。そのことは、この時代に「天皇」という称号もなかったことにも通じます。天皇という称号がいつ頃から、わが国で用いられるようになったかは、後にふれることにしましょう。

　聖徳太子だけの問題ではないですが、近現代の社会常識の価値観で、あるいは研究者の体験という枠の中で、古代の史料を解釈するという姿勢に限界があるように思われます。史料の豊かな内容を矮小化されてしまうのではないかと、危惧することがあります。

上之宮遺跡は聖徳太子の「上宮」？

推古紀元年（五九三）四月条に、聖徳太子の父、用明天皇は太子をかわいがり、天皇の宮である池辺雙槻宮《いけのべのなみつきのみや》の南の上殿《かみつみや》に住まわせたとあります。「上殿」は「上宮」と同じで、聖徳太子のことを例えば「上宮聖徳法王」とよぶ名前の由来となりました。

その上宮はどこにあったのでしょうか。桜井市の上之宮という集落あたりではないかと、かなり以前から注目されていました。その上之宮で、昭和六三年（一九八八）から平成二年（一九九〇）にかけて区画整理事業の実施にともなって、発掘調査が桜井市教育委員会によってなされました。その調査によって、六世紀中葉から七世紀前半にかけての建物および庭園遺構が検出されました。中でも、六世紀末に相当する遺構群が注目されました。中央に頑丈に造られたらしい四面庇付《しめんびさし》建物の存在や、北の脇殿ではないかと思われる建物跡などが確認されました。いくつかの遺構の中でも、石を組み合わせた池と石を敷きつめた苑池状の遺構は、この地が特別の建物があった場所らしいことを推定させました。四面に庇がついている建物は、当時としては、位の高い人物か豪族クラスの居所とみられ、べっ甲の断片や木簡も出土しました。

発掘が進むうちに、「上之宮」という集落名からも、聖徳太子が少年時代を過ごした上宮の遺

遺構のモニュメントがある「上之宮庭園遺跡公園」(桜井市上之宮)

構である可能性が高まってきました。それならば、超一級の遺跡ということになります。ところが、その期待とは裏腹に、上宮の遺構ではないという異論が出てきました。上宮の遺構ならば北に用明天皇の池辺雙槻宮がなければなりません。とすれば、用明天皇の項で述べましたように、磐余の池のほとりに用明天皇の宮があったわけですから、かつて通説化してしまった磐余の池は、上之宮遺跡から、かなり西に位置します。用明天皇の宮もそのあたりに比定しなければなりません。とすると、聖徳太子の上宮が上之宮遺跡では、地理的に困るわけです。このような通説を固定化してしまうことによって、超一級の遺構であるべき上之宮遺跡のもつ存在意義が薄まるような印象を与えてしまいました。その結果、保存の問題は霧消しました。繰り返しますが、用明天皇の宮は桜井市谷あたりにあったと考えることができます。

何度も述べてきましたように、通説磐余の池の位置にこだわった結果、超一級の遺跡が宅地と化しました。わずかに石組みの苑池遺構だけが、遺構に似るように石でレプリカが作られ、宅地に囲まれた現地に「上之宮庭園遺跡公園」としてモニュメントのような形で存在しています。当時の桜井市の担当者は、聖徳太子の上宮の可能性があるとして、石組みの苑池遺構の形を地上に組み立ててでも、その位置を後世に残すことにしたのは、せめてもの行政の良心だと思いました。

日本史関係のいくつかの定本的な事典に、上之宮遺跡を聖徳太子の上宮でないとする記述がありますが、検討を重ねて慎重な記述をされるべきだったという無念感を、今も、私の胸中深く持ち続けています。

国家のあり方を聖徳太子が提示

推古朝について語る場合、どうしても聖徳太子を避けることはできません。憲法十七条についても、これまでいろいろな議論がありました。『日本書紀』には「皇太子が、みずから、初めて憲法十七条を作る」とありますが、それを認めない説もあります。しかし、推古紀の記事を断片的に切り離して議論するよりも、国の体制が整備し始める時点での全体的な仕組みに視線を注ぐべきではないかと思います。

推古紀一一年（六〇三）から一二年にかけて小墾田宮に遷り朝廷が配置され、聖徳太子が儀《ぎ》仗《じょう》を整え、冠位十二階が定められ、その後に憲法十七条が太子によって定められたという一連の記事は、国家の中枢が形をなしていくという全体的な構築体として読み取るのがよいと思います。

そのように考えますと、憲法十七条は推古朝の国家のあり方の大綱を太子が提示したとみるのがよいのではないでしょうか。憲法の条文の中で多くの日本人が好んで口にするのは、第一条の冒頭にある「和をもって貴しとし、人といさかいをおこさぬことを最も大事とせよ……」という箇所です。この表現は、太子の理想主義を言うものとするのが通説のようになっています。確かに第一条ですから、そのように理解することもできると思います。しかし、私は当時の太子をとりまく飛鳥での政治的社会をイメージします。蘇我馬子を中心とする蘇我氏系の天皇（大王）を軸とする政治体制の中での専横的なふるまいを、聖徳太子は、にがにがしく見ていたと思います。

聖徳太子を表した石像（斑鳩町）

蘇我氏の血統にもつながる聖徳太子とはいえ、許しがたい情景が日々目に入っていたと思われます。十七条憲法の条文には、現実的な問題を表現していることは、井上光貞氏が早くから指摘しています。第五条に「……このごろ訴えをあつかうものは、私利を得ることを常のこととし、賄《わい》賂《ろ》を得てから申し立てを聴いている……」、第十一条に「功績と過失をはっきりとみきわめて賞罰をおこなうこと。日頃、賞は功績によらずに与え、罪を確かめずに罰している……」。この二条の条文にみるように「このごろ」「日頃」ということばが使われています。この二条の用語によっても、憲法十七条は飛鳥での日頃の政治的行為をもとにして書かれたように考えられます。

憲法十七条の条文には、中国の古典などから引用した箇所があります。それについては、聖徳太子がみずから学んだ知識とともに、渡来僧から教えられた内容も含まれていると思います。また『日本書紀』が編纂された時に、奈良時代の用語が紛れていることも大いにありうることです。しかし、憲法十七条の骨格が、律令的な法律とは基本的に異なるものとして読み取ることができます。それは、第二条に三宝（仏教）を篤く敬えとし、その後の第三条に君（大王）と臣の関係と秩序を述べている点です。聖徳太子にあっては、仏教こそが国家の最高の原理なのです。仏教至上主義とでもいうことができます。律令的統治の道具としての仏教ではないのです。

遣隋使は試験的に派遣した？

憲法十七条が聖徳太子の国家のあり方を示したものとすれば、飛鳥での血なまぐさい政争の渦中にある仏教とは相容れないものでした。推古一三年（六〇五）に聖徳太子が斑鳩に宮と寺院を

聖徳太子が斑鳩宮を造営した斑鳩町

構えるのは、飛鳥からの脱出として私はとらえています。斑鳩で大和川から侵入してくる外敵を監視するためとする説がありますが、そのように理解するには、軍営的な施設がおかれたというような事実がなければなりません。

現法隆寺の夢殿のある東院伽藍に斑鳩宮が、西院伽藍に斑鳩寺（法隆寺）がありました。斑鳩宮は、皇極二年（六四三）に蘇我入鹿の命をうけて巨勢徳太《こせのとこだ》らによって焼き払われ、聖徳太子の子である山背大兄王が自害においやられました。また斑鳩寺は天智九年（六七〇）に炎上しました。その後の再建の過程については、さまざまな問題にふれなければなりませんので割愛します。

推古朝の大きな外交問題は遣隋使です。第一次の推古八年（六〇〇）の遣隋使は『日本書紀』に記事がなく、中国側の『隋書』倭国伝に書かれています。倭国にとって、試験的な派遣で公式的なものではなかったという解釈もできます。『隋書』倭国伝には、倭国の使者を遣わして朝貢したとあります。さらに、使者が言うとして、倭王は天を以て兄となし、日を以て弟とする。天が未だ明けない時に政《まつりごと》をし跏趺《かふ》(座禅などをする時の足の組み方)して座り、太陽が出ると任務をやめて、弟に政務をまかせると書かれています。それを聞いた隋の皇帝は、理屈に合わないと言いました。倭国側は、夜に神事をともなう政治をやり、夜があけると、俗的な政治をすると述べたようですが、兄たる者(ここでは大王の意味)は、朝に政務をすべきだという指摘を受けたのです。このことがきっかけになって、推古一一年(六〇三)に推古天皇が遷った小墾田宮には、朝におこなう政治の場である「朝廷(庭)」がつくられました。

第二次遣隋使は、『日本書紀』によりますと、推古一五年(六〇七)に小野妹子と通訳の鞍作《くらつくりの》福利《ふくり》らを派遣したとあります。『隋書』倭国伝には、倭国が携えた国書(隋の皇帝にあてた書状)に「日出ずる処の天子、書を日没する処の天子に致す、恙《つつが》なきや、云云」と書かれてあり、それを見た皇帝は無礼だとして不快感をあらわにしました。この国書について、隋を太陽が沈む国、倭国を日が昇る国としたので隋の皇帝の怒りをかったと説明されてきたむきもありますが、それは誤りです。皇帝を不興にさせたのは、天子は天の神の命をうけて地上を支配する唯一の存在なのに、倭国にも天子がいるのは許されないことでした。第二次遣隋使は隋使の裴世清《はいせいせい》をともなって帰国します。隋からの使者が倭国に来たということで、対等外交のようですが、実は隋が高句麗との戦いに敗退するという状況の中で、倭国が高句麗の後押しをするのを避けたいという目的がありました。遣隋使は推古二二年(六一四)の第六次遣隋使で終わります。

舒明天皇

皇位継承をめぐる複雑な事情

舒明天皇の即位前紀の記事から、皇位をめぐる複雑な事情が読み取れます。まず、そのあたりをみていきましょう。

推古天皇二九年（六二一）に皇太子豊聡耳尊《とよとみみのみこと》（聖徳太子）が死去しましたが、その後、皇太子を立てないまま、推古天皇は七年後に亡くなります。当時、皇太子という位がなかったと考えられますが、皇位後継者は、決めておくべきではないかと思われます。それができなかったのは蘇我氏の意向があったのでしょう。

推古天皇が亡くなる二年前に大臣の蘇我馬子が死去し、蘇我蝦夷《えみし》が大臣の位についています。天皇の葬儀の後、蝦夷が独断で次の天皇を決めようとしましたが、群臣が従わないことを恐れて、親しい阿倍麻呂《あべのまろ》と相談して、大臣の家に群臣を集めて饗応をしました。その席で大臣は、阿倍麻呂に命じて次のようなことを言わせました。「皇位を継承する者が、まだ決まっていない。このままだと事変が起こる恐れがある。どの王《みこ》を皇位につければよいだろうか。天皇が御病気の時に、田村皇子（後の舒明天皇）に『天下を治めることは、大変な仕事である。たやすくに言葉にするものではない。田村皇子よ、慎重にものごとを明察するように。怠ることはよくない』とおっしゃった。つぎに、聖徳太子の子である山背大兄王《やましろのおおえのみこ》に『おまえは、一人で騒ぐのではない。必ず群臣

桜井市忍阪にある舒明天皇陵古墳

らの言葉にしたがって、慎んで行動するように』とお告げになりました。これが天皇の遺言である。さて、いずれを天皇にしたらよかろう」と。

このことを聞いた群臣らは黙ってしまい、すぐに発言するものはいなかったのですが、やがて天皇の遺言は田村皇子を継承者と言っていると解することができるという人々と、山背大兄王を推す人たちとに意見がわかれました。ただ、蘇《そ》我倉摩呂《がのくらまろ》だけは、熟慮した上で申し上げるとして意見を保留しました。

蘇我倉摩呂は、聖徳太子に気に入られていた境部摩理勢《さかいべのまりせ》に皇位について意見を求めたところ、山背大兄王と言いました。斑鳩宮にいた山背大兄王は、大臣が遣わした使者から天皇の遺言にしたがった議論の顛末を聞きますが、王は自分が推古天皇から直接に聞いたこととは異なること、時の大臣の馬子からもいつか王が皇位につくと言われたことがあると主張しました。

そこで大臣の蝦夷は、人を介して境部摩理勢に再度皇位にふさわしい人物について尋ねました。その時、境部摩理勢は、すでに山背大兄王でよいと言っているのに、また意見を求められたことに腹をたて、馬子の墓地を造るために蘇我氏の一族が滞在していた宿所を壊して出仕しなくなりました。山背大兄王はもはや大臣蝦夷に従うべきだと境部摩理勢に言いきかせましたが、怒りのおさまらない大臣蝦夷が差し向けた兵士たちによって境部摩理勢は子の阿椰《あや》とともに殺されました。おのずから、田村皇子が皇位につきました。

聖地・飛鳥の地に初めて宮を営む

舒明天皇の父は、敏達天皇の皇子、押坂彦人大兄《おしさかのひこひとおおえの》皇子《みこ》です。押坂彦人大兄皇子の母は、息長《おきながの》真手王《まておう》の女《むすめ》、広姫《ひろひめ》です。したがって舒明天皇は、近江の坂田郡（滋賀県米原市周辺）に本拠をもった息長氏の系譜につながります。その息長氏が大和に進出し、拠点を忍坂（押坂、現在の桜井市忍阪《おっさか》）において天皇家とのつながりをもちました。舒明天皇の和風諡号《しごう》（死後与えられるおくり名）を、息長足日広額《おきながたらしひろぬか》天皇と称し、舒明天皇の葬礼で誄《しのびごと》（死者をいたんで生前の功績などを述べる言葉）を述べたのが息長山田公《おきながのやまだのきみ》だったことからも息長氏との密接な関係を知ることができます。

舒明天皇二年（六三〇）に、最初の遣唐使が派遣されます。同時に東アジア諸国との外交が展開されていきます。高句麗・百済からの客人を朝廷で饗応し、難波に三韓からの来客を迎える客

息長氏が進出し、拠点を置いたとされる桜井市忍阪

館を改修したりします。中でも百済王義慈《ぎじ》が、王子豊章《ほうしょう》を人質として送ってきたことから、百済とのつながりの強さがみられます。

遣唐使の帰国に際して、唐は送使として高《こう》表仁《ひょうじん》を派遣します。天皇の宮は飛鳥岡本宮と称されました。場所は岡寺のある丘陵の麓、石が敷きつめられている「伝飛鳥板蓋宮跡」とされているあたりです。具体的には、石敷きの遺構よりも下層だとみられています。飛鳥岡本宮が火災にあい、天皇は田中宮（橿原市田中町あたりか）に住まいします。そして、舒明天皇一一年（六三九）七月に百済川のほとりに「大宮（百済宮）と大寺（百済大寺）」を造るという構想を発表します。西国の民は宮を、東国の民は寺を造ることになりました。

百済宮で舒明天皇は亡くなりますので、生前に完成していましたが、百済大寺は皇極朝に完成しました。百済大宮の所在地は今のところよくわかりませんが、百済大寺は発掘調査で桜井市の吉備池廃寺で検出された伽藍跡をあてることが有力視されています。

舒明朝について考える時、「大和には　群山《むらやま》あれど……」という舒明天皇の香具山における国見を歌った万葉歌に注意したいと思います。この歌は『万葉集』の巻一の二番目に載せられています。一番目が雄略天皇の菜摘みの歌です。雄略朝が古代の一つの画期であるので巻頭に載せられたと解されていますので、その次の舒明朝の歌もまた、もう一つの画期であったとみることができます。どのような点が画期だったのでしょうか。私は、舒明天皇が真神原《まかみはら》とよばれる聖地・飛鳥の地に初めて、宮を営んだことにあると思います。推古天皇の宮は豊浦宮、小墾田宮《おはりだ》ですが、いずれも飛鳥とよばれる地域の外でした。舒明天皇の後も、息長氏の系統の天皇の宮は飛鳥におかれました。

皇極天皇

政治的な絡み中継ぎで即位か

皇極天皇は舒明天皇の皇后でした。舒明天皇が死去した後、皇位につくにあたり、とりわけ問題があったとは『日本書紀』には書かれていません。しかし、中継ぎ的な意味での即位だったと思われます。舒明天皇との間に生まれた中大兄皇子は当時一六、七歳ですから、皇位につくには、まだ先のことです。むしろ夫の舒明天皇と皇位についてライバル関係にあった山背大兄王《やましろのおおえのみこ》と、舒明天皇と蘇我馬子の女《むすめ》・法提郎媛《ほうていのいらつめ》を父母とする古人大兄皇子《ふるひとのおおえのみこ》に対する政治的な絡みがあったのではないかと思われます。大臣は蘇我蝦夷そのままでしたが、息子の入鹿《いるか》の方が父蝦夷よりも政治に強い力をもち、盗賊もその勢いに恐れて道に落ちていたものを拾うことすらできなかったと『日本書紀』はやや誇張して書いています。

皇極天皇元年（六四二）の夏は、雨があまり降らず日照りの年でした。群臣らが中国の慣習にならって雨乞いのため、牛馬を殺しそれを神社に供えて神をまつったり、市を頻繁に移動したり、河伯《かわのかみ》に祈りましたが、効き目がなかったと大臣に申しました。大臣は「寺々で大乗経典を転読するのがよい。悔過《けか》（仏に対して自分の罪を懺悔《ざんげ》する儀式）をするのに、仏が説くようにして、敬って雨の恵みを祈ろう」と答えました。

そこで、七月に大寺の南の庭に仏・菩薩と四天王の像を荘厳において、多くの僧侶をよんで

皇極天皇が雨乞いの祈りをしたとされる明日香村稲淵

『大雲経《だいうんきょう》』などの経典を読ませました。大臣蝦夷は、手に香炉を持ち、香をたいて発願しました。翌日、わずかに雨が降りましたが、その次の日は雨を乞うこともせず、経を読むのもやめてしまいました。

八月になって天皇は、南淵《みなみぶち》（明日香村稲淵《いなぶち》・飛鳥川上流）で、ひざまずいて四《し》方拝《ほうはい》（天地四方に拝礼すること。中国道教にみられ日本には陰陽道に取り入れられた）をし、天を仰いで祈りました。するとたちまち雷鳴がし、大雨が降ってきました。五日間雨が続き天下を潤しました。人々は喜び「最上の徳をもった天皇だ」と言いました。

ここに取り上げました『日本書紀』の記述は、天皇が蘇我氏よりも呪術において優れた力をもっていることにより、天皇が政治的にも蘇我氏をしのいでいることを表現

飛鳥時代に多くの宮が置かれた飛鳥盆地の中心部（明日香村）

したものと理解できます。それとともに、皇極女帝が霊感的な能力をもっていることも述べたのではないかと思います。もともと、舒明天皇の皇后であった時に、皇后として神に祈る、あるいは神から啓示を受けるという能力が問われたのではないかと考えてみたいのです。つまり舒明天皇は俗的な領域を統治する役割を負ったのに対して、皇后は聖的な領域を委ねられたのではないかと思われます。前にも述べましたが、推古女帝と聖徳太子のような関係をここでも指摘しておきたいと思います。さらに、これまでもふれましたが、かつての東洋のリーダーには徳が求められたことも、現代の政治状況を鑑《かんが》みて、繰り返し述べておかねばなりません。

八角形の陵墓、死後も世界の王

「皇極」という諡《おくりな》（生前の徳や行いに対して死者に贈る称号）に、特別の意味がこめられたようにも思われます。『諸橋大漢和辞典』には、「大中至正《だいちゅうしせい》」のこととして、不偏不党の中立の意味と「帝王」という意味が記されています。次に述べるような状況からみて、後者を指しているように思います。

皇極天皇元年（六四二）一二月、舒明天皇を滑谷岡《なめはさまのおか》（場所不明）に埋葬します。この地については、近年の発掘で明日香村川原の小山田遺跡にあてる説が示されましたが異論もあり、慎重な検討が求められています。同二年九月に押坂陵に改葬します。桜井市忍阪の段ノ塚古墳とみることができ、この古墳の平面形が八角形であることはよく知られています。『日本書紀』の年代にしたがえば、わずか九カ月で別のところに陵墓を移していることになります。

おそらくこの期間に、新しい陵墓のアイデアに基づく建造がなされていたと思われます。八角形という形は、後の陵墓をも念頭に入れると、道教思想との関係が考えられます。

道教思想は八方位（東西南北とその中間の方位）をもって世界あるいは宇宙を表現します。その中央に君臨するのが道教でいう天皇大帝《てんこうたいてい》です。八角形の陵墓に埋葬されるのは、死後も世界の王としてあると解釈してよいでしょう。

このように考えますと、わが国における「天皇」という称号は「天皇大帝」に由来するとみるのが極めて自然であると、私は考えます。としますと、公式か非公式はわからないとしても「天皇」という称号は舒明天皇に始まったとする仮説をたてることができます。舒明天皇の項にも述べましたように、飛鳥に初めて宮を営んだ舒明天皇を古代における重要な画期とみなすことと対応させることができます。「皇極」という諡はこのような天皇の権力の巨大化を表現したのではないでしょうか。

その半面、皇極朝には、権力をほしいままにしていた蘇我氏に焦りと陰りが見え始めます。皇極天皇二年一一月、蘇我入鹿が巨勢徳太臣《こせのとこだのおみ》・土師娑婆連《はじのさばのむらじ》を遣わして、斑鳩宮の山背大兄王《やましろのおおえのみこ》たちを襲撃させました。山背大兄王とその一族は、人目につかない時に生駒山に逃げたのですが、巨勢徳太臣らは斑鳩宮を焼いたときの灰の中に山背大兄王が投げ捨てておいた馬の骨をみつけ、誤って山背大兄王が亡くなったと思い包囲を解きました。ところが、生駒の山中に山背大兄王がいることを見つけた人が、蘇我入鹿に伝えました。やがて山背大兄王らは、聖徳太子の創建した斑鳩寺（若草伽藍）に入りました。軍兵たちが斑鳩寺を取り囲みましたが、山背大兄王は側近の三輪文屋君《みわのふんやのきみ》を通じて、「自分が戦えば勝つだろうが、わが身のために多くの人々を傷つけることは忍びない。それならば自分の身一つを入鹿に賜ろう」と言ってみずから首をくくり、子弟・妃妾らとともに死を選びました。この事件は、蘇我氏側にとって不利に働くことになると、蝦夷が息子の入鹿の愚かな行動を怒り罵り、命も危ないと嘆きました。

皇位継承のベクトル息長系に

蝦夷が息子の入鹿の行為を愚かであり、身の危険を感じたのは、蘇我氏の戦略を入鹿が読み違えたからだと思われます。入鹿は舒明天皇と馬子の娘である法提郎媛《ほうていのいらつめ》との間に生まれた古人大兄皇子《ふるひとのおおえのみこ》を皇位継承者にすることを考えていました。

入鹿によって殺された山背大兄王は、父が聖徳太子、母は馬子の娘刀自古郎女《とじこのいらつめ》で、蘇我氏の濃い血が流れています。蘇我氏の結束を固めるには、山背大兄王を温存しなければならないことは、

中大兄皇子と中臣鎌子が出会った槻の木があったとされる飛鳥寺跡（明日香村）

誰の目にも明らかでした。

一方、古人大兄皇子の父舒明天皇は、忍坂《おしさかの》彦人大兄皇子《ひこひとのおおえのみこ》の息子で、近江の坂田郡に本拠をもつ息長《おきなが》氏の血をひいています。山背大兄王は皇極朝に殺されますが、皇極女帝の祖父は忍坂彦人大兄皇子なのです。つまり、皇位継承のベクトルは、明らかに息長系に向かっているのです。入鹿が古人大兄皇子を皇位につけたとしても、風の流れは変わりつつありました。そのような政局において、中大兄皇子（後の天智天皇）と中臣鎌子（藤原鎌足）は、飛鳥寺の槻の木の下でなされた蹴鞠《けまり》の時に出会ったのをきっかけに、蘇我氏打倒に向けて周到に動き出しました。二人の謀議を他人に見破られないために、遣隋使として留学した僧、南淵請安《みなぶちしょうあん》のもとに出向いて儒教を学びながら、いかに蘇我入鹿を襲撃すべきかについて話し合いました。

鎌子は、入鹿が君臣長幼の序を守らず、国家を傾けようとしていることを憎みました。この時代の政治思想の中核に儒教があったことは明らかです。入鹿の行動が儒教的規範を大きく逸脱していたことは確かですが、父で大臣の蝦夷よりは威《いきおい》が優っていたと『日本書紀』に書かれています。ここでいう「威」とは、政治的威勢のことを指しているのでしょう。今日のわが国の世襲政治家が父親よりも威勢の強い人もいますし、若いリーダーももてはやされます。しかし、古代の政治を近代民主主義の視点からみることはできません。仁徳天皇の項でふれましたが、政治家としての徳が問われました。このことは、現代の政治家にも問われてもよいと思うことがあります。

ついに、入鹿誅殺の時が来ました。三韓（高句麗・百済・新羅）の調《みつぎ》が大極殿で天皇にたてまつられる儀式が執り行われました。古人大兄皇子も列席しました。中大兄皇子は長い槍をもって大極殿のわきに隠れ、鎌子は弓矢をもって護衛しました。中大兄皇子は佐伯子麻呂とともに、いきなり入鹿を斬り殺しました。何も知らされていなかった皇極天皇はただただ驚くばかりで、大極殿の奥に隠れました。後に蝦夷もまた、自ら命をたちました。

このクーデターは何を意味しているのでしょうか。天皇家を絶とうとした罪によると中大兄皇子は言いましたが、そのことは同時に、天皇の国家的強権を増大させることになりました。日本の政治史の文脈に位置づけることなく、蘇我氏の専横のみ指摘しては、本質を見失うことになります。

孝徳天皇

「改新の詔」の信憑性めぐる条文

蘇我氏誅滅というクーデターは、近年は乙巳《いっし》の変とよぶようになりました。乙巳という干支は西暦六四五年にあたりますが、これまで「大化の改新」と言われてきたのをあえて乙巳の変と称するのは、大化の改新の名にふさわしい政治改革がなされたとは考えられないとみる史家たちの見解によるものです。加えて「大化」という元号も疑わしいとまで主張されました。その点に焦点をあてながら、『日本書紀』の記事と考古学の成果をみていくことにしましょう。

クーデターの後の天皇を誰にするかについて、中大兄皇子《なかのおおえのおうじ》、古人大兄皇子《ふるひとのおおえのみこ》らの名前があがりました。どちらも舒明天皇の皇子ですが、中大兄皇子の母は、皇極（斉明）天皇、古人大兄皇子の母は、蘇我馬子の女《むすめ》である法提郎媛《ほうていのいらつめ》です。蘇我入鹿は古人大兄皇子を即位させる意向を持っていました。蘇我氏にとっては権力保持する手段であったことはいうまでもありません。だからこそ、乙巳の変の前にすでに天皇位継承に有力だった聖徳太子の子、山背大兄王《やましろのおおえのみこ》を殺しています。

この政変に際して、政治的な力をもつというか、キングメーカーであったのは、藤原（中臣）鎌足でした。鎌足が示した方針は、軽皇子《かるのみこ》（孝徳天皇）は、中大兄皇子の叔父であって、兄にあたる古人大兄皇子もいることを配慮すれば、叔父を即位させることによって当面の状況をきりぬけようとするものでした。

古人大兄皇子は、蘇我入鹿に支持されていたのですから、クーデターの後、即位の可能性はなくなり、出家して吉野に入りましたが、謀反のかどで殺害されました。結局、新しい体制は孝徳天皇、皇太子中大兄皇子となりました。

孝徳朝の問題点は、「大化の改新」とよばれるにふさわしい政治的変革が実際にあったのか、それとも後世の律令制の内容を、先んじて『日本書紀』に記したのかということです。「改新の詔《みことのり》」によれば、大化二年（六四六）正月条に、主文四カ条からなり、第二条以下は、副文が添えられています。

「入鹿の首塚」と伝わる五輪塔（明日香村）

概略を記しておきます。第一条は、屯倉《みやけ》（王権の直轄領）や豪族の私有地などの私地私民を廃止し、大夫《まえつきみ》（大臣のもとで政治にたずさわったもの）以上に食封《じきふ》（親王・貴族・寺院などに俸禄として支給する封戸《ふこ》）を、以下の官人には布帛《ふはく》（綿・麻布・絹布）を与える。第二条は、京師（都城）・畿内・国司などの行政制度の整備。第三条は戸籍・土地の管理と班田収授法、里をもって村落単位を定めることなど。第四条は、全国の税制の統一などであります。

これらの条文が整然とした漢文で記され、かつ後の大宝令（七〇一年制定）の条文ときわめて類似しているため、改新の詔の信憑《しんぴょう》性をめぐって長年にわたって論争が展開されてきました。その経緯で、改新の詔は大化の時代のものではないとする立場と、原文に修飾がなされていても当時のものであるとみなす説が対立することになりました。

畿内の範囲と後の律令制度

改新の詔について、近年その史実性について指摘されてきました。全部についてはなお問題を残していると考えるべきですが、畿内の範囲についての規定は、後の律令とは全く異なります。畿内とは、王都をおくことのできる地域のことを言います。今風に言えば、首都圏にあたるようなものでしょうか。

改新の詔における畿内の規定は四地点で示す、いわゆる四至《しいし》で定められています。それに対して後の律令制度では、国で畿内の範囲が決められています。改新の詔の畿内は、東は名墾《なばり》（今日の三重県名張市）の横河、南は紀伊の兄山《せやま》（和歌山県伊都郡かつらぎ町）、西は赤石の櫛淵《くしぶち》（赤石は今日の明石であるが、櫛渕は神戸市西区の住吉神社の近くを流れる明石川の奇淵《くしぶち》をあてる）、北は近江の狭狭波《さざなみ》の合坂山《おうさかやま》の四地点で、畿内の範囲とすると改新の詔にあります。

後の大宝令では、大倭（大和）・摂津・河内・山背《やましろ》の四カ国をもって畿内としました。その後和泉国が成立して五畿内となり、それ以外の地域と合わせて五畿七道という言い方が定着しました。

このような、四至型の畿内は中国の北魏（三八六〜五三四）の首都平城を中心としてなされ

発掘調査で木簡が出土した藤原京跡（橿原市）

た方法で、東魏（五三四〜五五〇）の場合は、首都鄴《ぎょう》を中心とする一〇郡、北斉（五五〇〜五七七）においては八郡をもって畿内とする方法がありました。つまり、改新の詔は北魏型であり、律令制度の畿内は東魏・北斉型となります。とすると、改新の詔における畿内の制度は、後の律令の畿内制とは異なると言えるので、改新の詔の記事は、後の律令制度の畿内の影響を受けていないと考えられます。

改新の詔に用いられた文字に関しても、論争がありました。それは、『日本書紀』は一貫して国の下の行政区画を「郡」という漢字で統一していますが、大化から大宝までの金石文（金属器や石碑などに彫刻された文字）には「評」と刻まれているのです。「郡」も「評」も「コオリ」と読まれたのですが、用いられた漢字の違いについて、どのように解釈するかということについての議論がなされ、「郡評論争」とよばれました。改新の詔には、「郡」と書かれているので、詔の郡という用字は大宝律令の郡という表記を改新の詔が文飾して用いたもので、改新の詔の信憑性に問題があるという問題提起がなされました。

この論争は、昭和四一年（一九六六）から開始された藤原京の発掘調査で出土した木簡に大宝元年（七〇一）を境として「評」から「郡」に表記法の変化があったことが確認されました。その点においては、『日本書紀』の改新の詔の用字は、律令時代のものを用いていますが、読みは「コオリ」だとすれば、改新の詔は、後年の律令制の文字を用いただけであって、改新の詔を否定することにはならないと考えられます。問題の本質は、改新の詔が施行された実体を論議することにあると思われます。

難波長柄豊碕宮の〝大極殿〟

孝徳天皇について述べねばならないのは、難波に作られた宮殿のことです。乙巳の変の後、孝徳天皇は、皇極上皇、皇太子（中大兄皇子）とともに飛鳥寺の西の槻の木の所に群臣を集めて、君主の政治は二つあることはなく、臣下は朝廷に対して二つの心をもってはいけないという誓いをします。蘇我氏によって乱れた政治のあり方をふまえての誓約でしょう。

孝徳天皇は、本格的な宮が完成するまで、難波の各地の宮を転々と移動します。そして、白雉二年（六五一）に難波長柄豊碕宮に遷ります。

難波宮については、前期難波宮と後期難波宮とに層位によって区別されています。難波長柄豊碕宮は前期難波宮に相当します。

前期難波宮の構造は、後の藤原宮の原型とみなすことができます。基本的には北に内裏（天

大阪城の南側にある難波宮跡（大阪市中央区）

皇の住居）が、南に朝堂院（臣下が儀式などで着する朝堂などからなる）が接しています。前期難波宮で注目されるのは、内裏前殿と内裏後殿とがあり、この二つが廊下で連結されていて、内裏前殿の両側に東・西長殿があり、内裏南門の左右には、他の宮にはない八角殿院が存在することです。とりわけ私が注意するのは内裏前殿です。藤原宮では大極殿に相当する位置にあります。難波長柄豊碕宮に大極殿があったことは、『日本書紀』には記されていません。ただ、前代の皇極天皇は、飛鳥板蓋宮の大極殿に出て三韓の貢物を受け取る儀式をしている真っ最中に、蘇我入鹿が殺されるという事件が起こりました。この大極殿について、以前から「だいあんでん」と読むのが通例となっていて、大極殿はなかったという解釈がされています。つまり、発掘調査で大極殿的なものが検出されない限り、飛鳥板蓋宮に大極殿の存在は確認できないことは当然です。しかし、漢字で大極殿と書かれていることは、無視できないのではないでしょうか。難波長柄豊碕宮の内裏前殿は、飛鳥板蓋宮の「だいあんでん」であったとしても大極殿的機能をもったがために大極殿という表記がなされたと私は考えます。

そこで、大極殿ということばの意味を中国の『漢語大詞典』で調べますと、「天宮」、「仙宮」と解説しています。この意味は無視できません。つまり、道教の根幹をなす神仙思想において仙人の住まう宮殿のことをいうのです。大極殿の機能は、天皇が政務を執り、賀正・即位などの大礼を行う場ですが、天皇という称号は、道教の最高神である天皇大帝に由来します。天皇大帝は北極星のことで、太（大）極ともよばれます。としますと、大極殿が仙人の宮であるという意味はよく理解できます。さらに道教は八方位（東西南北とその中間の北東、南東、南西、北西）で世界（宇宙）を象徴的に表現します。飛鳥の天皇陵が八角形の平面形をしているのはそのためなのです。ですから、大極殿におかれる天皇の御座で高御座《たかみくら》は八角形をしているのです。このように大極殿を解き明かしますと、わが国における天皇の起源について考える手がかりをえるように思われます。

舒明天皇から文武天皇までの陵墓が八角形墳であると考察されていることも合わせ考えますと、天皇の起源は舒明天皇の時代である可能性を論議してもよいと私は思っています。

斉明天皇

飛鳥板蓋宮で再び天皇の座に

孝徳天皇は寂しい晩年を送りました。『日本書紀』によると、白雉《はくち》四年（六五三）太子《ひつぎのみこ》の中大《なかのおお》兄皇子《えのおうじ》は、倭京《やまとのみやこ》に移りたいと孝徳天皇に申し出ました。

天皇の許しのないまま、中大兄皇子と皇祖母尊《すめみおやのみこと》、間人皇后《はしひとのきさき》（舒明天皇の皇女）は、大海人皇子《おおあまのおうじ》ら皇弟や重臣、官人たちを引き連れて難波を去り、倭飛鳥河辺行宮《やまとのあすかのかわらのかりみや》に至りました。

天皇は恨み、皇位をさることを覚悟し、宮を山崎（京都府乙訓郡）に造らせましたが、そこに居住する間もなく結局、難波宮の正殿で亡くなりました。

なぜ、中大兄皇子らは孝徳天皇のもとを去ったのでしょうか。反乱というべき行為といってよいと思います。おそらく皇位継承の問題があると考えられます。孝徳天皇と阿倍内麻呂の娘で妃の小足媛《おたらしひめ》の間に生まれた有馬皇子がいました。皇位の座を狙っていることは、皇太子の中大兄皇子の危機感を誘ったと思われます。そのことは、孝徳天皇の皇后までもが天皇を難波において飛鳥に去ったことから察することができます。

壮大な難波宮から飛鳥に戻るという行為は、『日本書紀』には詳しく書かれていませんが、よほど大きな対立があったと想像できます。

斉明天皇元年（六五五）、飛鳥板蓋宮《あすかいたぶきのみや》で斉明天皇が再び皇位につきます。再び天皇の座につく

斉明天皇が皇位に就いたとされる飛鳥板蓋宮跡（明日香村）

のを重祚《ちょうそ》といいますが、日本の歴史上、皇極・斉明と奈良時代の孝謙・称徳の二度しかありません。斉明天皇は小墾田《おはりだ》に瓦葺きの宮殿を造営しようとしましたが、資材が十分でなく断念し、さらに皇極天皇時代の飛鳥板蓋宮も火災に見舞われ、飛鳥川原宮に移りました。小墾田に宮を構えようとしたのは、推古女帝へのあこがれのようなものを感じさせます。飛鳥川原宮は今日の川原寺の場所と推定されます。

飛鳥川原宮は臨時的な宮であったらしく、間もなく飛鳥の岡本に宮を造営することになります。岡本は岡の麓という意味ですが、その岡は今日も立地する岡寺のところです。宮の名前は、後飛鳥岡本宮《のちのあすかおかもとみや》と名付けられました。夫であった舒明天皇の宮を飛鳥岡本宮と称されたので、その後に造られた宮という意味です。

舒明天皇が飛鳥岡本宮を造った後、ほぼ同じ所に重なるように、飛鳥板蓋宮、後飛鳥岡本宮、天武天皇の飛鳥浄御原宮《あすかきよみがはらのみや》が営まれていきます。これまでの天皇の宮は、代がかわるたびに、宮の場所が転々と移っていったことから、大きく変化するようになりました。宮があちこちに造られたのは、前代の天皇の死による不浄を避けるためという説がありますが、あるいは土地占いとか大王を擁立した豪族との関係も視野にいれておくべきだと思います。舒明天皇から同じ場所に建て替えながらも新しい宮を造るのは、血統による皇位の継承が安定化したためではないかと考えます。

多武峰の観は道教思想に基づく

斉明天皇は後飛鳥岡本宮を造営した後、斉明天皇二年（六五六）、飛鳥の東南方の多武峰《とうのみね》（原文には田身嶺《たむのみね》）の頂に垣をめぐらし、二本の槻の木（ケヤキ）のほとりに観《たかどの》をつくり、両槻宮《ふたつきのみや》と名付けました。あるいは天宮《あまつみや》ともいいました。

この多武峰の宮の建設は、日本の思想史の一つの底流をなすものとして無視しがたいのです。事実のみ叙述して、思想的な問題にふれないわけにはいきません。

まず、「観」の意味です。観という漢字を宗教的施設に用いるのは「道観《どうかん》」という道教寺院です。中国の北京や上海に、今も白雲観という道教寺院があります。『日本書紀』の観に「たかどの」という読みが付されて来たのは、視覚的には高殿から来るのだと思われます。道教の根幹の一つは神仙思想で、不老長寿の仙人（神仙）を神として崇めることにあります。司馬遷の『史記』には、仙人は高いところを好むとあります。その意味するところは、天の世界こそ仙人の宮があるということだと解されます。その宮が天宮ともよばれました。ここまで説明しますと、斉明天皇の造った多武峰の観は道教思想に基づくとしかみなせません。

現在でも、日本には道教が中国などからもたらされなかったと、頑なに主張する史学者がいます。それはある意味でまちがっていません。仏教のように、少なくとも仏像・経典・僧侶がそろってはじめて、一つの宗教のシステムとみなすべきだという立場の考え方です。そのような観点に立てば、道教について、宗教としてのシステム的なものが日本に入ったとは言えません。しかし、宗教的秩序とは別に宗教的思想という見方をすれば、道教思想は今日でも、私たちの身近にたくさん拾い出すことができます。雄略天皇について先に述べましたので、ここでは省略します。

斉明天皇が両槻宮を築いたとされる多武峰（桜井市）

斉明女帝は、この多武峰の宮のように道教に傾倒しましたが、同年に吉野宮も造営しました。雄略天皇も吉野宮を造りましたが、その後を襲ったのでしょう。吉野は古来神仙境に擬せられてきました。神仙境とは仙人の住む所という意味です。雄略天皇に託して神仙思想が記紀に語られ、斉明天皇も吉野の地に宮を造ったとあるのは、道教思想との関係からしか解釈できません。

吉野宮の位置は、吉野町宮滝であることはほぼ確実ですが、まだ宮に相当する中枢部が発掘調査では確認されていません。吉野宮をよんだ次のような万葉歌があります。一部分だけとりあげます。

やすみしし　わご大君　神《かむ》ながら　神さびせすと　吉野川　激《たぎ》つ河内《かふち》に　高殿を　高知りまして……（巻一―三八）

歌の意味は、わが大君（天皇）が神そのものとして、神々しくおられる吉野川の激しい流れの淵に高殿を高くお造りになって……ということになるでしょうが、それは字面を解説したにすぎません。高殿は観であると、言い切らねばならないのです。

「狂心渠」と非難された水路工事

皇極朝時代とは、天皇を取り巻く政治的状況はがらりと変わりました。当然ながら、蘇我氏の本宗家を撃墜したため天皇に政治の主導権が戻りつつあったからです。

斉明天皇は、興事《おこしつくること》（土木工事）を好みました。でも今にいうインフラ整備とはいささか趣が異なります。

大工事ではなかったかと思われるのは、水工《みずたくみ》らに命じて、水路を掘らせたことです。この水路は香具山の西から現在の天理市付近の石上山《いそのかみのやま》までに至るもので、運河とよぶべきかもしれません。石上山を飛鳥あたりとみる説がありますが、考古学の調査によって出土する石に、天理砂岩とよばれる加工しやすい岩石があることからも、天理市の石上町や豊田町の付近とみるのでよい

水路が掘られたとみられる天理市の石上町や豊田町の付近

と思われます。

舟二〇〇艘をもって石上山の石を運び、後飛鳥岡本宮の東の山にその石を積み重ねて垣としました。この無謀とも思える工事に対して、当時の人はこの水路を「狂心渠《たぶれこころのみぞ》」と非難しました。水路を掘るために功夫《ひとちから》（工事従事者）が延べ三万人余り動員され、宮の東の垣をつくるのに延べ七万人余りの人が使われました。宮を建築する用材は朽ち果て、山頂は「それでもって埋もれるような光景を呈した」と言われました、

また「石でもって山丘をつくりつつも、おのずから崩れてしまうだろう」と言う者もいました。

『日本書紀』にいう狂心渠のルートはどのあたりであったのでしょうか。かつて飛鳥池の発掘調査でかなり太い水路が見つかり、これが狂心渠と想定されていますが、天理付近までどこを掘ったのか、現状ではよくわかっていません。一説として、下ツ道（国道二四号線の西を南北に走る古代の道）に沿って流れる川に比定していますが、決め手はありません。

このような斉明天皇の事業についての非難は、政略と深い関連がありました。斉明天皇四年（六五八）、紀伊国の温泉に行幸した時に、留守官《とどまりまもるつかさ》（天皇が行幸して宮が留守になる時に宮にいて守ることを担当する官人）の蘇我赤兄《そがのあかえ》（馬子の孫であるが父は蘇我倉麻呂で蘇我氏の本宗家ではない）が有間皇子《ありまのみこ》（孝徳天皇の皇子）に斉明天皇には三つの失政があると語ります。

一つには大きな倉を建てて人民の財物を集積したこと、二つには長い水路をつくって公の食糧を浪費したこと、三つには舟に石をのせて運び丘のように積み上げたことであると。だが、有間皇子は赤兄によって陥れられようとしていたことに気づきませんでした。後日、皇位を狙っていた有間皇子は、赤兄の家を訪ねて天皇排斥の謀議をしたつもりでしたが、赤兄は有間皇子の謀反とみなし、皇子の家を取り囲み天皇のもとへ報告させました。そして、有間皇子は藤白坂《ふじしろさか》（和歌山県海南市付近）で殺されました。

遣唐使に託した国家戦略

斉明天皇の時代は、後の時代もそうですが、北方の蝦夷《えみし》や粛慎《みしはせ》などを攻撃するために多大なエネルギーを費やします。斉明天皇四年頃から今の秋田県地方の蝦夷を討ち、また粛慎をも攻めます。単純に見れば、国家領域の拡大ということになります。しかし、そのことだけが目的であると私は思いません。例えば、斉明天皇五年に甘樫丘《あまかしのおか》の東の川（飛鳥川）のほとりに須弥山《すみせん》（仏教世界の中心にそびえる架空の山。この場合は石でつくったもの）をつくり、陸奥《みちのく》と越《こし》の蝦夷をもてなしています。一方では蝦夷を攻撃し、他方では飛鳥で蝦夷を饗応するというのは蝦夷を懐柔する戦略でしょう。なぜ高圧的に蝦夷を押さえ込まなかったかは、斉明天皇の国家のあり方にかかわる問題としてみていかねばなりません。そのことは、次にみるように遣唐使に託した斉明天皇の国家戦略にありました。

斉明天皇五年の遣唐使に、陸奥の蝦夷男女二人を連れて行かせ、唐の皇帝に会わせることになり、皇帝高宗との謁見は洛陽でなされました。皇帝は蝦夷を見ながら、遣唐使に訪ねました。以下は、遣唐使に随行した外交官的官人である伊吉博徳《いきのはかとこ》の文書によるもので、かなり信頼性が高いと思われます。

発掘で出土した「須弥山石」（重要文化財、奈良文化財研究所飛鳥資料館提供）

「これらの蝦夷の国は、どのあたりにあるのか」と皇帝は尋ね、遣唐使は「国の東北のあたりです」と答えました。

皇帝「蝦夷はどれぐらいの種族からなっているのか」

遣唐使「三つの種族からなります。ここには、熟蝦夷《にぎえみし》がまいりました。毎年、朝廷に貢物をもってまいります」

皇帝「その国に五穀が実るのか」

遣唐使「ございません。獣の肉を食べて生活しております」

皇帝「これらの者が住む家があるのか」

遣唐使「ございません。山深いところで、樹木の下で住まいしております」

このような会話がかわされました。

斉明天皇が遣唐使に蝦夷を同行させ皇帝に見せたというのは、どういう意味があったのでしょうか。歴代の遣唐使でこのような謁見はなされていません。倭国側にとっても中国の皇帝に、みずからの国家の版図《はんと》の都から遠い地方に文化の低いとみなした種族が居住し、それをも統治していることを直接示そうとしたのです。これは、倭国も唐と同様、中華帝国であることを皇帝に認知させようとする行為でした。つまり、中華思想は華夷思想ともよばれ、中央に文化（文華）程度の高い地域があり国家領域の周縁に文化度の低い地域があり、その両者でもって国家的空間が形成されるという考えに基づきます。

先にみたように、斉明天皇が蝦夷を饗応しているのも、国家に所属することを示すものと解してよいでしょう。このような斉明天皇の中華思想を中国の場合と比較して、小中華思想とよぶ研究者もいます。

この時の遣唐使は大使の船が島にあたって転覆し、副使が皇帝に会い、蝦夷をご覧にいれ、蝦夷は白い鹿の皮、弓、箭《や》を皇帝に献上したとあります。

難波宮に行幸さらに海路、筑紫へ

朝鮮半島では新羅が勢力を強め、唐とともに百済に侵攻します。百済は劣勢の状況において、日本に救援を要請しました。斉明天皇六年（六六〇）一〇月、天皇は「遠路はるばるわが国に助けを求めて来ている。これを見捨てるわけにはいかない。将軍たちに命令して、多方向の道から前進させ、雲のように集い、雷のように動いて、ともに沙喙《さたく》（百済東方の地）に集まり、敵を倒し、百済の苦しみをゆるめよ」と詔《みことのり》を下しました。百済は緊急の事態に際して、舒明《じょめい》朝に人質として日本の朝廷に来朝していた王子余豊璋《よほうしょう》を本国に帰還させ王とすることも願いましたので、斉明天皇は役人たちに礼を尽くして送り出すように指示しました。

その年の一二月、斉明天皇は難波宮《なにわのみや》に行幸し、百済復興運動の雄将鬼室福信《きしつふくしん》が使者に託した意を受けて、さらに海路、筑紫へと向かいました。随行した一人に大海人皇子（後の天武天皇）の妃である大田皇女《おおたのひめみこ》がいましたが、今の岡山県の沖合である大伯海《おおくのうみ》あたりを船が進んでいる時に女の子を産みました。その名を大伯皇女《おおくのひめみこ》と名付けました。

次の万葉歌は、愛媛県の松山市あたりにあった石湯行宮《いわやのかりみや》に宿泊して潮待ちした時、随行した額田王《ぬかたのおおきみ》の歌として『万葉集』におさめられています。ただし、左注に天皇の御製と記されています。もしかしたら、額田王が斉明女帝に代わってよんだ歌であったかもしれません。

熟田津《にきたつ》に　船《ふな》乗りせむと　月待てば　潮《しほ》もかなひぬ　今は漕《こ》ぎ出でな（巻一―八）

斉明女帝の船になぜ大田皇女とか額田王といった女性がともに乗っていたのでしょうか。なぜ女帝らが九州まで出向いたのでしょうか。これまで腑に落ちる解釈を聞いたことがありません。私は、より朝鮮半島に近い筑紫で百済が戦いに勝利することを祈るためではなかったかと想像します。

九州における天皇の宮、朝倉橘広庭宮《あさくらのたちばなのひろにわのみや》を、今の福岡県の朝倉市あたりに朝倉神社（麻氏《まて》良布《らめ》神社）の木を伐採して建立したため神の怒りをかい、殿舎が壊滅し鬼火があらわれ、おつきの人たちが死去しました。百済の戦勝を祈るための聖域を神社に設置しようとしたことから、女帝の九州行の目的を垣間見ることができます。ところが、神社の森を切り払うことによって本来の意図にかなうことができなかったと『日本書紀』は語っていると解釈できます。ほどなく天皇は死去し、皇太子中大兄皇子は天皇の遺体に寄り添って海路、難波に向かいます。途中で船をとめて、中大兄皇子は歌います。

君が目の　恋《こほ》しきからに　泊てて居て　かくや恋ひなむ　君が目を欲《ほ》り（あなたの目が恋しいばかりに船をとめて、このようにまで、恋しいのです。あなたの目をみたいばかりに）

飛鳥の川原に殯《もがり》をしました。

近年の明日香村越の発掘調査で牽牛子《けんごし》塚古墳が斉明女帝の陵である可能性が高まり、娘の間人《はしひと》皇女と合葬されたであろう石室の様子も明らかになりました。さらに前方部で発見された越塚御門古墳は、孫の大田皇女の墓とみられています。

斉明天皇が行幸したとされる
難波宮跡（大阪市中央区）

天智天皇

百済救援軍指揮のため長津宮に

斉明天皇七年（六六一）七月に斉明天皇が死去した後、皇太子中大兄皇子《なかのおおえのおうじ》は称制《しょうせい》として政治の指揮をとることになります。称制というのは、即位の式をしないで天皇としての政務をすることを言います。

直面する百済救援の問題は、中大兄皇子が継承していかねばならなかったことは言うまでもありません。母親の死去から間もなく、皇子は百済救援軍の指揮をとるため長津宮に戻ります。長津宮は斉明天皇が九州に最初に到着した時に入った磐瀬行宮《いわせのかりみや》のことです。斉明天皇はここから朝倉宮に移り、そこで亡くなります。長津宮の位置は、通説にしたがって福岡市三宅付近とみておきたいと思います。つまり、娜大津《なのおおつ》から少し南に入ったところにあたります。

先に書きましたように、日本にいた豊璋《ほうしょう》を百済の王にしたいという百済側の意向をくんで、天智天皇元年（六六二）、日本側の大将軍安曇比邏夫《あべのひらぶ》らは軍船一七〇艘を率いて、豊璋を送り届けます。軍船一七〇艘が従っていることは、明らかに百済救援の戦闘体制を前提としての行動でありました。

後に述べる白村江《はくそんこう》の戦いの序幕ですが、『日本書紀』によると、天智天皇二年三月に日本側は二万七千人の兵士を率いて新羅を攻撃しています。劣勢ではなかったようです。ところが、百済

京都市山科区にある天智天皇陵

側に内紛が起こりました。百済王となった豊璋が臣下の福信に謀反の心があるとして、福信を殺害しました。新羅は、百済王が自国の将を斬ったという情報をもとに、百済に侵入します。百済にとって最後の砦というべき州柔城《つぬさし》（百済の都の西を流れる錦江より西の舒川か）を陥落させる作戦に出て、新羅は州柔城を取り囲みました。

新羅と同盟関係にある唐の将軍は、軍船一七〇艘を率いて錦江の河口部である白村江に戦陣を構えました。八月二七日、先着した日本の軍船と唐の軍船との合戦となり、白村江の戦いが始まりました。日本は敗退し、唐の軍勢は陣営を固めて守備体制を敷きました。翌二八日、日本の将軍たちと百済の王は、戦況をよくみることもなく、「わが軍が先に攻めれば相手側はおのずから退却するであろう」と語り合い、日本の上・中・下の三戦陣のうち、戦列が乱れている中の軍が固い守りの唐の軍を攻撃しました。唐は、ただちに左右から船で挟撃。またたく間に日本軍は破れ、多くの兵士が溺死し船の舳先をめぐらすこともできませんでした。日本の武将朴市田来津《えちのたくつ》は、天を仰いで歯をくいしばり数十人を殺しましだが、ついに戦死しました。

九月七日、ついに百済の州柔城が唐の軍勢に降伏しました。「州柔城が落ちたらもはやどうすることもできない。百済の名も今日までだ。祖先の墳墓に二度と行けない。日本の将軍たちと会ってなすべきことを相談することだ」と百済の人々は語り合いました。

世間から風刺された近江遷都

百済が滅亡した打撃で、日本は東アジアの国々の中で処していく方法を模索しなければなりませんでした。大国唐と新羅との関係をいかにするべきかが、緊急の課題として浮上してきました。天智天皇三年（六六四）、対馬や壱岐、筑紫国などに防人《さきもり》と烽《のろし》を置き、筑紫に大きな堤を築いて貯水する水城《みずき》とよばれる、福岡県太宰府市、大野城市、春日市にまたがる大規模な防衛施設を設置しました。

翌年の天智天皇四年（六六五）には、百済の技術者によって長門国に城《き》を、筑紫国に大野と椽《き》の二つの城を築きました。大野城は大宰府政庁の北、四王寺山に、椽城は大宰府の西南、佐賀県三養基郡基山町基山に遺構が残っています。土塁や石垣をめぐらすいわゆる朝鮮式山城です。後に倭国《やまとのくに》に高安城（奈良県生駒郡）、讃岐国山田郡に屋島城、対馬国に金田城も築きました。海外からの侵略に対して危機感をつのらせていたことは事実です。

天智天皇六年（六六七）三月、都を近江に遷しました。多くの人は近江への遷都を望まず風刺する者も多く、連日火災が起きました。近江遷都は、唐や新羅からの攻撃を避けるために、飛鳥から近江へ避難的に宮を遷したというのが通説として語られています。しかし、そのことを明確に記した史料はありません。むしろ、百済からの渡来人が近江に多く居住したことによるとも考

天智天皇が飛鳥から遷都したとされる近江大津宮跡（大津市）

えられます。あるいは、新羅との戦闘があるとすれば、日本海側の敦賀に軍事基地を置くことも視野に入れられていた可能性もあります。別の説では、飛鳥での敵対勢力との対立を避けるためというのもあります。遷都に対して風刺されたということから考えると、政治的な問題があったように思われます。とにかく、なぜ近江に都が置かれたかについては判然としません。原則的に言えば、都は畿内に置かれねばなりません。近江は畿外ですから例外的な措置がとられたことになります。

柿本人麻呂が近江の荒れた都にたたずまいながらよんだ歌からも、なぜ近江なのかという疑問があったことが知られます。

近江の荒れた都を過ぎる時、柿本人麻呂がよんだ歌は以下の通りです。

……いかさまに　思ほしけめか　天離《あまざか》る　夷《ひな》にはあらねど　石走《いはばし》る　淡海の国の　楽浪《さざなみ》の　大津の宮に　天の下　知ろしめしけむ……（巻一

―二九）（天皇はどうして畿外〈鄙〉の大津の宮で天下をお治めになったのか）
七世紀後半の歌人である人麻呂が疑問を投げかけるほどですから、唐・新羅から攻勢があった場合を想定して飛鳥から避難したとは、考えづらいのでないでしょうか。人麻呂にも近江遷都の理由がわからなかったということです。
近江京は現在の大津市錦織あたりにあったことは、発掘調査で明らかになっています。近江遷都の理由はよくわかりませんが、天智天皇七年（六六八）、中大兄皇子は即位します。

歌にほとばしる額田王の恋心

白村江の戦いによって東アジアの政治的情勢は唐と新羅を中心として展開していきますが、天智天皇の即位などもあって国内は平穏であったかのように『日本書紀』は書き綴っています。実際、唐や新羅は陸続きであるために政治的圧力が直接に伝わるのに対して、日本については海によって国家間の軋轢《あつれき》が緩衝されることは、間違いないと思います。
天智天皇七年（六六八）の五月五日、端午の節句にあたりますが、天皇は蒲生野《がもうの》に、大皇弟《ひつぎのみこ》（大海人皇子《おおあまのおうじ》、後の天武天皇）、諸王・内臣《うちつおみ》（中臣鎌足）や群臣をひきつれて遊猟にでかけます。このことに対応するのが額田王《ぬかたのおおきみ》の次の万葉歌です。
天皇、蒲生野《かまふの》に遊猟《みかり》したまふ時に、額田王の作る歌
あかねさす紫野《むらさきの》行き標野《しめの》行き野守《のもり》は見ずや君が袖振る（巻一―二〇）
皇太子《ひつぎのみこ》の答へましし御歌　明日香宮に天の下知らしめしし天皇、謚《おくりな》して天武天皇といふ

紫草《むらさき》のにほへる妹《いも》を憎《にく》くあらば人妻ゆゑにわれ恋ひめやも（巻一―二一）

蒲生野は琵琶湖の東、滋賀県蒲生郡あたりでしょう。一首目の額田王の歌は「紫草の生えている御料地を行ったり来たりしていると、野守に見られますよ、そんなに私にお袖をふられると」。二首目は、大海人皇子が額田王の歌に応えて「紫草のように美しいあなたよ、あなたを憎いと思うならば、人妻にどうして、恋なんかしないよ」。

歌によまれたムラサキの花。根は貴族の衣服を紫色に染めるのに使われた（奈良市）

額田王は大海人皇子の正妃でしたが、それならば右の歌に大海人皇子が額田王を人妻、つまり天智天皇の妃というのは、額田王の心がわりあってこそとしか解することはできません。ところがこの歌は、遊猟の後の宴席での、座興の歌とみなす見解があります。ここでは紙幅に余裕がありませんので、詳しく述べられませんが、「人妻」という言葉が使われているならば、そんなに簡単に解することができないように私は思います。次の歌はどうでしょうか。

額田王、近江天皇を思《しの》ひて作る歌一首

君待つと我が恋ひをれば我が屋戸《やど》のすだれ動かし秋の風吹く（巻四―四八八）（わが君をお待ちして、恋しく思っていると、私の家のすだれを動かして、秋風が吹く）

額田王には、天智天皇への思いがあったことは否定できません。額田王の他の歌からも多情で多感な宮廷歌人の姿が浮かんできます。

政治改革の同士、鎌足に「大織冠」

天智天皇が即位する前、中大兄皇子であった時、藤原鎌足と謀議して乙巳《いっし》の変、いわゆる大化の改新へと政治の革新を導くため、蘇我入鹿・蝦夷を誅殺するクーデターを断行しました。その藤原鎌足が天智天皇八年（六六九）一〇月に死去します。天智天皇にとって政治改革の同士であった鎌足に、死の直前に大織冠《だいしょくかん》の位を授けました。大織冠とは最上位の冠位で、冠は織物でつくり刺繍《ししゅう》でふちどり、深紫色の服を着用すると定められていました。

阿武山古墳で見つかった冠帽と玉枕の復元図（高槻市教育委員会提供）

大阪府高槻、茨木両市にまたがる阿武山《あぶやま》古墳は、以前から藤原鎌足の墓であると伝えられてきました。戦前に発見された副葬品の中にあった冠帽が、近年、当時の高度の技法とされた綴《つづ》れ織りで金糸を織り込んだものと推定され、大織冠の冠位を授けられた藤原鎌足の墓である可能性が高まりました。

『日本書紀』の天智天皇紀は、同じ内容の記事が異なる年に書かれていて、編集の段階で整理されていないことがうかがわれます。天智天皇八年冬の条に斑鳩寺（法隆寺）に火災があったとあり、同九年四月条にも法隆寺に火災があり一屋も残さず焼けたと記します。後者をもって火災の年とされるのは、平安時代前期に編纂された『上宮聖徳太子補闕伝《じょうぐうしょうとくたいしほけつでん》』にも同じ記載があるからです。この記事のとおりに聖徳太子によって建立された斑鳩寺が炎上し、その後、現法隆寺が再建されたとする説と、現法隆寺は聖徳太子の創建した時期から存在したとする非再建説の論争が展開されることになりました。このことについては、ここで詳しく述べることができません。一応、再建説で決着がついていると私は考えていますが、なお細部の検討を要するという見解もあります。

白村江の戦後処理のために唐の官人郭務悰《かくむそう》が何度か、日本あるいは日本の沖合にやってきます。『日本書紀』天智天皇八年条に、唐が郭務悰ら二千余人を遣わしたとあるのですが、同一〇年一一月条にもよく似た記事があります。後者の方がより具体的に次のように書かれています。

対馬の役人が大宰府に使いをつかわし、「唐の郭務悰ら総勢二千人が船四七隻に乗って、比知嶋《ひちしま》（韓国西南方の比珍島《ビジンド》か）に着いたが、人数も船も多いので、突然日本に着いたら防人たちが驚いて矢を放つであろう。唐から同行した日本僧道久《どうく》を先につかわして、前もって郭務悰らの来朝の意図を明らかにさせることにしたい」と言ってきました。総勢二千人を率いてやってきた郭務悰の来日の目的に『日本書紀』は触れていませんが、驚かないようにということですから、日本を襲撃にきたとは考えられません。おそらく、白村江の戦いで捕虜となった日本人を帰還させるために来航したと思われます。

この郭務悰の一行を戦後日本のＧＨＱのようだという解釈があります。そのような理解が誤りであることは、郭務悰に関連する『日本書紀』の記述を読めばおのずから明らかであります。

天武天皇

大海人皇子にまつわる風刺の歌

天智天皇一〇年（六七一）に、大友皇子《おおとものみこ》が太政大臣となりました。近江令という法令の実態はわかりにくいとしても、のちの大宝令などから推測して、太政大臣は官としては最高の位だと思われます。奈良時代の漢詩集『懐風藻』には、大友皇子について、太政大臣となり諸般の政治に通じ二三歳の時に皇太子となったとあります。『日本書紀』によると、皇太子は大海人皇子《おおあまのみこ》（後の天武天皇）と書かれています。皇太子が二人もいることは、ありえないことです。『日本書紀』と『懐風藻』が皇太子について異なる認識をしているとしても、おそらく天智天皇は、後継天皇として大海人皇子ではなく、大友皇子と考えていたと思われます。

天智天皇の病気が重くなった時、天皇は大海人皇子を寝室におよび、後のことをまかせると言いましたが大海人皇子は固辞し、吉野に入って仏道の修行をしたいと申しました。天皇はそのことを許しました。

その頃、次のような三首の童謡《わざうた》（風刺する歌）が歌われました。

一首目　み吉野の　吉野の鮎　鮎こそは　島傍《しまへ》も良《よ》き　え苦しゑ　水葱《なぎ》の下《もと》　芹《せり》の下《もと》　吾《あれ》は苦しゑ（み吉野のあゆよ。あゆならば島の近くにいるのがよいが、ああ苦しいよ　水葱や芹の下にいて、私は苦しいよ）

天智天皇の後継をめぐる「童謡」に歌われた吉野川（川上村）

この歌は、吉野の鮎を大海人皇子にたとえ、島の近くの清流にいたならばよいが、ナギ（ミズアオイの古名）やセリが繁茂する琵琶湖のほとりの湿地帯にいるのが苦しいという意味ではないかと私は解します。

　二首目　臣《おみ》の子《こ》の　八重《やへ》の紐解《ひもと》く　一重《ひとへ》だに　いまだ解《と》かねば　御子《みこ》の紐《ひも》解く（近江朝の臣下が戦いが終っても自分の八重の紐を、まだ一重すらも解いてないのに、御子は、御自分の紐をすっかりお解きになることよ）

ここにいう御子は、大海人皇子を指しています。近江の朝廷を辞した大海人皇子が、戦いに勝ったのに、近江側の臣下の者は、まだうろたえているという予言歌でしょう。

　三首目　赤駒《あかごま》の　い行《ゆ》き憚《はばか》る　真葛原《まくずはら》　何《なに》の伝言《つてこと》　直《ただ》にし良《え》けむ（赤駒が、蔓にからまって、行きなやむ葛の原のじれったさよ。そのように、じれったく人伝ての伝言などをどうしてなさるのですか。直接に思うことをおっしゃればいいでしょう）

わかりづらい歌ですが、大海人皇子は皇位を継げないと、はっきり聞き届けなさいということでしょうか。

このような風刺の歌は、おそらく民謡の中から政治的な局面にあうような歌謡が選ばれて人々

吉野宮があった吉野町宮滝。大岩が並ぶ雄大な景色は奈良県景観資産にも選ばれている（県提供）

の口に乗ったのでしょう。

近江朝廷に反旗、吉野宮を出立

天武天皇の登場には、どうしても壬申の乱の経緯にふれねばなりません。

近江宮を退去した大海人皇子を臣下たちは宇治まで見送りましたが、臣下たちの中には「虎に翼をつけてはなすようなものだ」というものもいました。それほど、大海人皇子には疾風迅雷《しっぷうじんらい》の力がみなぎっていたと思われます。大和に入って嶋《しま》宮《みや》（奈良県高市郡明日香村島庄《しまのしょう》付近）にて一夜を過ごしましたが、そこから南下して芋峠《いもとうげ》を経由して吉野にでるルートをとるためでした。翌朝、吉野宮（奈良県吉野郡吉野町の宮滝《みやたき》遺跡）につきましたが、天智天皇崩御の知らせがもたらされると、天智天皇の子、大友皇子を中心とする近江朝廷を討つために東国に向かいます。近江宮を退去する時は仏道修行のために僧侶となると天智天皇に言いながらも、手の裏を返すように反旗を翻します。戦乱の火蓋が切られましたが、軍陣を整える余裕がなく、急な決断のために大海人皇子に従ったのは、菟野皇女《うののひめみこ》（後の皇后）、草壁皇子《くさかべのみこ》、忍壁皇子《おさかべのみこ》と舎人《とねり》（皇族に仕える下級官人）、女官ら約三〇人でありました。

一行は津振川《つふりがわ》（津風呂川《つぶろがわ》）の水系に沿って進み、菟田の吾城《あき》に着きました。吾城は現在の宇陀市大宇陀の迫間《はさま》・本郷《ほんごう》あたりで、迫間には式内社阿紀神社が鎮座します。

菟田の吾城から、甘羅村《かんらのむら》（宇陀市大宇陀上新の神楽岡神社付近か）を過ぎ伊賀、伊勢へと進路をとり、美濃に向かいました。積殖《つむえ》（三重県阿山郡伊賀町付近）の山口に至った時、大津京を脱出し甲賀郡の山道を駆け抜けてきた高市皇子《たけちのみこ》と出会います。やがて弱冠十歳の大津皇子も一行に加わります。

大海人皇子側の村国男依《むらくにのおより》から美濃の軍勢三千人でもって不破に至る道を守りで固めたという報告を受けて、前線の不破に差し向けた高市皇子から大海人皇子のもとに本営を前線に進めてほしいという知らせが入ります。菟野皇女を桑名にとどめて、大海人皇子はただちに不破をめざします。

近江側の動揺は隠しきれず、すぐれた騎兵で大海人皇子の軍勢を攻める以外にないという進言を大友皇子はしりぞけ、倭京（飛鳥古京周辺）・東国・吉備・筑紫に使者を派遣して兵士の動員を命じました。しかし、わずかに飛鳥古京におかれた留守司が大海人皇子の勢力に対抗する任務を帯びていたにすぎませんでした。

大海人皇子側の大伴吹負《おおとものふけい》は、奇策をろうして飛鳥寺の西の槻の木の下に軍営を構えていた近江方を敗退させます。戦果は不破にいる大海人皇子のもとに報告されて皇子は大いに喜び、吹負は将軍に任命されました。そして近江朝廷を攻撃するため、軍の組織を整え乃楽《なら》（奈良）に向かいました。

大和平定し飛鳥に凱旋

戦闘はなおも続きます。大海人皇子は美濃国の不破に本営から、多《おおの》（太）品治《ほむじ》らを大和に向かわせます。この多品治は、後に『古事記』を編纂する太安万侶の父とみる説もあります。また一方では直接近江に進軍を命じます。この時、近江方の兵士と見分けにくくなるのを避けるため、赤い布を衣服の上に着けさせました。『古事記』序文には、大海人皇子は赤い旗をもって戦ったと記していることに関係します。これは中国の漢の高祖の行軍を模したと解する説があります。

将軍の吹負は乃楽山《ならやま》に駐屯し、荒田尾赤麻呂《あらたおのあかまろ》という武人から「古京《ふるきみやこ》の飛鳥は、われらの本拠地ですから、守りを厳重にしなければなりません」と進言されます。赤麻呂らは飛鳥の衢《ちまた》（道の分岐点）に橋の板を壊して楯《たて》を作り敵の進入を防備しました。しかし、戦況は大海人皇子側に有利に展開したわけではありません。将軍の吹負は乃楽山で敗走しています。

近江に侵攻した大海人皇子側はついに瀬田に突入し、橋を挟んで近江方と対決しますが、大友皇子（天智天皇の皇子）は退路を断たれ、みずから首をくくり死にました。

この事件より先に、将軍の吹負が乃楽に向かうとき、稗田《ひえだ》（大和郡山市稗田）のところで、河内方面から近江方の軍勢が来ると知らせるものがありました。この記事も『古事記』の作成にあ

大海人皇子率いる軍勢が近江軍を打ち破った箸墓周辺（桜井市）

たって、稗田阿礼《ひえだのあれ》が関与したことと無関係ではないと思われます。

大和でも激戦がくりひろげられました。奈良盆地を南北に走る上ツ道、中ツ道、下ツ道も戦いの場となり、上ツ道に沿う箸墓《はしはか》（桜井市箸中）のほとりで大海人皇子側の軍勢が近江軍を大破しました。

高市県主《たけちのあがたぬし》許梅《こめ》という人物に高市社《たけちのやしろ》（高市御県坐《たけちのあがたにい》鴨事代主神社《ますことしろぬしじんじゃ》・橿原市高殿町）の事代主神《ことしろぬしのかみ》と身狭社《むさのやしろ》（牟佐坐神社《むさにいますじんじゃ》・橿原市見瀬町）の生霊神《いくたまのかみ》が神がかりし、神武天皇の山陵に馬とさまざまの武器をたてまつれという託宣がありました。このことから、当時すでに神武天皇陵とみなされた墳墓があったようです。

この二神からは大海人皇子を不破までお送りしたとか、西の道から軍勢がやってくるから用心するようにというお告げがありました。また村屋《むらや》の神（村屋坐《むらやにいます》弥富都比売神社《みふつひめじんじゃ》・田原本町蔵堂）が神官に神がかりして「社《やしろ》の中の道を近江方の軍勢がやってくるので道をふさげ」というお告げがあったところ、数日のうちに近江方の軍が襲来し、神の言葉の正しさを知ることができました。

大海人皇子側は大和を完全に平定し、将軍たちは不破に向かい大海人皇子に大友皇子の頭をささげました。やがて大海人皇子は飛鳥に凱旋《がいせん》し、嶋宮に入りました。

吉野宮での誓いに深謀見え隠れ

壬申の乱は、日本の歴史でどのような意味をもったのでしょうか。皇位をめぐる争いはしばしばありますが、壬申の乱ほど、大規模に、天皇家の中で展開されたのは例をみません。天皇の位を武力で奪取するのは、中国の王朝と似ている面もあります。

天武天皇の即位は六七三年です。『日本書紀』は壇場《たかみくら》を設けて飛鳥浄御原宮《あすかきよみがはらのみや》で即位すると書いていますが、後にふれますように、この時点で飛鳥浄御原宮という宮の名前はありませんでした。壬申の乱が終わり石舞台古墳の近くにあった嶋宮からあらたに岡本宮の南に宮を営んだとありますから、父母の飛鳥岡本宮・後飛鳥岡本宮《のちのあすかおかもとのみや》付近に宮を造り、岡本宮と称されたのではないかと思います。

しばらくは、壬申の乱の余韻と残像が飛鳥にただよっていたと想像できます。天武天皇八年（六七九）五月五日、天皇は吉野宮に行幸しました。翌日の六日に天皇は、

天武天皇が皇后や皇子と誓いをした吉野宮があった宮滝遺跡（吉野町、吉野町教育委員会提供）

皇后および天武天皇を父とする草壁皇子《くさかべのみこ》（母は天智天皇の娘鵜野讃良《うのさらら》）・大津皇子（母は天智天皇の娘大田皇女）・高市皇子（母は胸形君徳善《むなかたのきみとくぜん》の娘の尼子娘《あまこのいらつめ》）・忍壁皇子（母は宍人臣大麻呂《ししひとのおみおおまろ》の娘檝媛娘《かじひめのいらつめ》）、父を天智天皇とする河嶋皇子（母は忍海造《おしぬみのみやつこ》小竜《おたつ》の娘色夫古娘《しこぶこのいらつめ》）・芝基皇子《しきのみこ》（母は越道君《こしのみちのきみ》伊維部売《いいべめ》）に詔して、千年の後まで結束する誓いをしたいと述べました。皇子たちは了承しました。

まず草壁皇子が、自分たち王は血族が異なります（原文異腹）が天皇の言葉に従い、争うことなく互いに助けあうこと、この誓に背くならば命が絶え子孫も絶えるでしょうから、あやまちを起こすことはございませんという言葉を述べました。

他の皇子たちも従いました。そして天皇は「わが子たちは、それぞれ母を異にするが、いまは一人の母から生まれた子（原文一母同産）のように慈しむ」と言って、衣の襟を開いて六人の皇子たちを抱き、「自分が誓いをやぶるようなことがあれば、わが身は亡びるだろう」と述べました。皇后も、天皇と同じように誓いました。この時の言葉に「異腹」とか「一母同産」という言葉が使われているので、母親が異なるという意味が強調されているように思いますが、むしろ壬申の乱の後のこと考えますと、父親の違い、つまり天智天皇の皇子たちが、この誓約の集いに参加していることに目を注ぐべきでしょう。ということは、戦いののろしを上げたきっかけは、皇太子大海人皇子を即位からはずすという天智天皇の策略ではありましたが、乱が終結してすでに八年、天智天皇の皇子も一族とみなそうとする天武天皇の政治的深謀が見え隠れします。古代の誓いは重い意味をもちます。誓いでの秩序を乱したのが、天皇の位をとろうとした大津皇子でした。持

橿原考古学研究所は 2014 年 1 月、飛鳥京跡苑池の南池に水をためて当時を再現した（奈良県明日香村）

統天皇から「死を賜った」のは、吉野での誓約を破ったためと、解釈すべきでしょう。

藤原京の構想は実現見ないまま

次の万葉歌の解釈をめぐって問題となります。

壬申の年の乱の平定しぬる以後《のち》の歌二首

大君は神にし坐《ま》せば赤駒の匍匐《はらば》ふ田井《たゐ》を都と成しつ（巻一九—四二六〇）

大君は神にし坐せば水鳥の多集《すだ》く水沼《みぬま》を都となしつ（巻一九—四二六一）

いずれも壬申の乱の後の天武天皇の都づくりをたたえる歌ですが、一首目は大君（天皇）は神でおられるので、土地がぬかるんでいるため赤馬が腹ばうような田を都となさった、二首目は水鳥が多くあつまる沼地を都となさったと歌っています。

この歌が後にいう飛鳥浄御原宮のことか、それとも新益京《あらましのみやこ》（藤原京の正式名称。以下藤原京という通称を使います）を指すのか解釈がわかれています。歌を文字通りに解すれば、壬申の乱の後、天武天皇が岡本宮の南に宮（後に飛鳥浄御原宮という）を造ったことをほめたたえているということになります。この解釈について、当時すでに舒明天皇の飛鳥岡本宮、皇極天皇の飛鳥板蓋宮《いたぶき》、さらに斉明天皇の後飛鳥岡本宮が営まれていて、その近くに天武天皇が宮を造ることになりますから、湿地帯であるはずがないという説によれば、この歌にいう都は藤原京ということになります。私は、後者の説でよいと思いながら、なお、ためらいがあります。それは、発掘調査によってかなり広い苑池の存在が確かめられましたが、その前身は湿地状の土地ではなかったかと思うからです。

天武天皇は、都は一カ所だけでなく、二つか三つ造るべきだといい、まず難波《なにわ》に都を造ろうとして官人たちに難波に行って家の敷地を賜ることを命じています。いわゆる前期難波宮（大阪市中央区法円坂）のことを指します。

この頃、唐の侵攻を防備するために日本は新羅とのつながりを強くし、遣唐使は派遣されずに遣新羅使が送られています。大使采女竹羅《うねめのちくら》（筑羅）ら一行が天武朝の三回目の遣新羅使として天武天皇一〇年（六八一）七月に出発しますが、早々と九月に帰国します。采女竹羅と三野王《みののおおきみ》（弥努王）は、天武一三年（六八四）に信濃に地形を視察するために遣わされています。その目的について『日本書紀』の編者たちもわからなかったらしく、信濃に都をつくるためなのか、という疑問形で記しています。天武朝と信濃の関係は、詳しく究明すべきだと思います。といいますのは、長野市の善光寺の境内の調査で、白鳳期の川原寺様式の瓦が出土しているからです。壬申の

大和三山の一つ、畝傍山（橿原市）

乱における大海人皇子の援軍の出身地と関連するのかもしれません。

『日本書紀』天武一三年三月条に、天皇は宮の地を定めたとあります。二年後に死去しますので、みずから描いた藤原京の構想が実現するのを見ないままま、皇后にその後を託すことになります。

道教の神仙思想に深い関心

天武天皇が構想した藤原京は、大和三山（香具山・耳成山・畝傍山）を意図的に取り込むものでした。天武天皇は、道教の神仙思想に傾倒していたために、三山を中国の東の海に浮かぶ架空の島、三神山に擬したと考えられます。三神山は、蓬莱《ほうらい》・方丈《ほうじょう》・瀛洲《えいしゅう》とよばれ、そこには仙人が住み不老不死の薬があるとされました。

今日、復元された藤原京のプランの一説では、藤原宮は藤原京のほぼ真ん中に位置することになり、中国漢代に成立したとされる『周礼《しゅらい》』「考工記」にいう王城の中央に宮域を配するという理想都市に則ったと説かれ、通説のように語られています。

しかし、平城京のように北京極に接して宮域を造ると耳成山が京外にはみでることになります。そこで、三山に囲まれた宮域の位置を重視すれば、北京極は耳成山より北に設定する必要がありました。結果として『周礼』「考工記」にしたがったように造営されたとみるのがよいと、私は考えています。

天皇が道教への深い関心をもっていたことは、死後与えられた和風の諡《おくりな》「天渟中原瀛真人天皇《あめのぬなはらおきのまひとのすめらみこと》」からわかります。この諡で注意しておくべきことは「瀛」という文字です。これは先に記しました「瀛洲」のことで、中国の東の海にあるとされた仙人の住んでいる島のことです。さらにもう一つ注意すべき言葉は「真人」で、最高位の仙人をさす言葉です。このように、天武天皇がいかに道教に専心していたかがわかります。諡の意味は、「天の玉をしきつめた原からなる不老長寿の国に住む最高の仙人」ということになります。

『日本書紀』の天武天皇紀の初めに「天文・遁甲《とんこう》の能力がある」と書かれています。「天文」は星占いのようなもので、「遁甲」は姿をくらます術で、いずれも道教に関するもので、道術とよばれるものです。

壬申の乱の記事では、伊賀の名張付近で天空に黒い雲が浮かんでいるのを見た大海人皇子は、あやしく思い、式《ちく》(回転盤のある占いの道具)を手にして「天下が二つに分かれる様相がでている。しかし、私が天下をとるのか」と言いました。これも道術の一つです。

少し道教のことについて触れておきましょう。以前から、日本の古代に道教の影響があったことを指摘する研究者はいました。しかし、私の経験では、道教という言葉を意図的に避けようとする古代史研究者が少なくありません。それは、本格的に、道教の経典、僧侶（道士）、寺院（観）という三点セットが入っていないことを理由とします。確かにその通りです。しかし、道教にかかわる習俗は、日本文化のいろいろなところにあることも確かです。浦島太郎、「鶴は千年、亀は万年」という慣用句、池に島の浮かぶ庭園など、たくさんあります。ですから道教的な考え方が日本に入ったことは確実です。古代社会を仏教・儒教・神道で構築しても、それは凝り固まった古代史観をもてあそび、実像から遠のいた歴史をみることになります。

堅固な中央集権体制を目指す

日本の歴史で、天武朝ほど天皇が政治の主導権を握ろうとした時代は、他にいくつもなかったと思います。天皇を中心にした中央集権体制を堅固なものにしようとしました。

その一つに八色《やくさ》の姓《かばね》の制定があります。「姓」とはもともと、豪族らを社会的、政治的に序列化する称号でしたが、天武一三（六八四）年に定められた八色の姓は、次のように八つの姓からなりました。第一を真人《まひと》、第二は朝臣《あそん》、第三は宿禰《すくね》。第四は忌寸《いみき》、第五は道師《みちのし》、第六は臣《おみ》、第七は連《むらじ》、第八は稲置《いなき》として、天皇家との親近性を序列化しました。第一の真人は、神仙思想において最高位の仙人を言うもので、天武天皇の道教の神仙思想への傾倒をうかがわせます。

天武天皇一四年（六八五）には、爵位《しゃくい》（冠位）四十八階を定めています。冠位は推古朝にはじまりますが、天武朝の場合は、天智天皇三年（六六四）制定の冠位を改定しました。この冠位制は、大宝元年（七〇一）、大宝令の新しい位階制まで続きます。天武朝の場合、親王も位階制の

現在の薬師寺金堂。天武天皇建立の飛鳥・薬師寺の法灯を継ぐ

中に位置づけられるとともに、王と臣との位階を判然と区別し、階数も増加させせました。

『日本書紀』の天武天皇紀には、畿内と京、京《けい》師《し》（「京」は「大きい」、「師」は「多い」という意味でミヤコを言う）という言葉がかなり頻繁に使われています。畿内は、王城のおかれる土地のことですが、都とそれをとりまく畿内が制度的に確立しつつありました。難波京と藤原京の造営が具体的な目標であったと考えられます。また諸国の国境を定める事業も開始されました。天武天皇の生存中には完成しませんでしたが、飛鳥《あすか》浄御原令《きよみがはらりょう》の制定も進められました。さらに『日本書紀』天武一一年（六八二）三月条に親王より以下官人らに日本風の衣装の着用を禁止する詔が下され、中国風の衣装を着ることを定めています。

道教はあくまでも宮室内部の秘教のような存在でありましたが、仏教は国家宗教として位置づける必要がありました。天武天皇一四年（六八五）

三月二七日に家ごとに仏舎をつくって礼拝供養せよという詔が下されました。また天武天皇二年（六七三）に百済大寺（桜井市の吉備池廃寺）が高市の地に移転して高市大寺と称されましたが、その位置については明確ではありません。

飛鳥寺は蘇我氏の氏寺でしたが、天武朝には官寺のあつかいをうけました。薬師寺（本薬師寺）は天武天皇九年（六八〇）に皇后の病気平癒を祈願して天武天皇によって創建されました。

仏教とともに神祇信仰も整備されました。伊勢神宮が皇祖神天照大御神《あまてらすおおみかみ》を祭祀し、未婚の内親王が斎王《さいおう》として天照大御神に仕えたのもこの頃だと推定できます。

史書『古事記』の編纂も天武天皇の主唱によって始まりました。

『古事記』の完成待たずして死去

『古事記』の編纂も、天武天皇を語る上では見落としがたい業績の一つです。太安万侶の序文に「天武天皇は、『自分が聞いているところでは、もろもろの氏族の持っている帝紀（天皇の系譜）や本辞（業績・伝説・物語・神話など）などは、間違いが多く、今の世にそれらのあやまちを改めておかないと、年を経ると本当のことが忘れられてしまう。この事業は国家の成り立ち、王権の基盤である』と言われた」とあります。つまり、国家としての史書の作成を目指すものでありました。

しかし、完成を待たずして天武天皇は死去します。平城京の時代となり、初代天皇の元明天皇が太安万侶に史書の完成を命じました。おそらく下書きのようなものがあったと思われ、稗田阿

稗田阿礼が主祭神の賣太神社では、阿礼の遺徳をしのぶ「阿礼祭」が営まれ、子供たちが「阿礼さま音頭」の踊りを披露した（2014年8月、大和郡山市）

礼の関与したことも多々あったことは確かでしょう。太安万侶の父多（太）品治は壬申の乱で大海人皇子側において功績のあった人物です。元明天皇が藤原氏の包囲網の中で、わざわざ太安万侶に『古事記』の完成を命じたのは、そのような事情によるとみてよいでしょう。

国家の骨組みは、宮都、法律、史書にあると私は考えています。しかし、藤原京と飛鳥浄御原令は持統天皇の時代に、史書である『古事記』は元明天皇の時代に完成し、天武天皇はみずから構想しながら、わが目で見ることかできませんでした。天武天皇を取り巻いた人々にとっては無念な思いをその後も引きずり、天武思慕の念が王権の中でも強く渦巻いていました。それが、政治の転換期に浮上する状況については、後に述べてみたいと思います。
天武天皇はどのような政治理念をもっていたのでしょうか。天武天皇紀一三年（六八四）閏《うるう》四月条から読み取ることができます。次のように書かれています。

「政治の要点は軍事である。それには、文官も武官も皆の者は武器を用いて、馬に乗ることに努めよ。そのためには、馬と武器と本人が身に着ける衣服は、準備しておくようにせよ。馬をもつ者は騎兵として、馬のない者は歩兵となれ。それぞれ訓練をつんで、集結するときには支障のないようにせよ。もし詔《みことのり》に違反して馬や武器の準備がなく、着用する衣服が整っていない者は、それぞれの身分に則して罰する」と。

このような厳しい軍政を政治の要《かなめ》としたのは、東アジア情勢を考えると、唐からの侵攻に対応するためだと思われます。遣唐使は中断し新羅との同盟関係を緊密にし、遣新羅使を派遣したことからもうかがうことができます。しかし、ここにみたような軍備では、とても唐の戦力にかなうものではないことは明らかです。このような武官・文官の軍備に対する指示の背景には、かなり大規模な軍事体制の整備がなされつつあったと思われます。その一方で「歌男《うたお》・歌女《うため》。笛吹《ふえふき》の技術を子孫に伝え、歌・笛を習熟せよ」という詔もしています。文化にも目配りしている天武天皇の姿を垣間見ることができます。これは、「苦」（軍事）と表裏一体のごとく「楽」（芸事）がともなうとする私の歴史観にそうものです。

持統天皇

察知されていた大津皇子の謀反

朱鳥元年（六八六）九月九日に天武天皇が死去しますが、すぐに皇后（後の持統天皇）が称制《しょうせい》をしきます。称制とは、即位しないで政務をつかさどることをいいます。天武天皇の病気が重くなっていく時、次の天皇を誰にするか、深刻な議論がなされたことはいうまでもありません。順当ならば、天武天皇を父とし皇后を母とする皇太子草壁皇子《くさかべのみこ》が即位することになっていました。しかし、そのとおりに事が運ばない事情がありました。天武天皇が亡くなって一年半後に、草壁皇子も死去しますから、皇位を継げないほど肉体的に衰弱していたと思われます。

病床にあった天武天皇と皇后、あるいは臣下もまじえて。皇位の継承について深刻な話し合いがあったと想像できます。先にとりあげました、吉野宮での皇子たちの誓いの場面を思い出して下さい。天武天皇を父とし母を皇后とする血統につながるのは、草壁皇子しかいませんでした。天武天皇の亡き後を考えると、皇后は、草壁皇子以外の皇子を天皇にすることを、おそらく忌避したのでしょう。もしかすると、重篤の天武天皇の意向は別にあったかもしれません。

このような問題は、現代の古代学の観点ではいくら史料を読み込んでもわからないかもしれません。というのは、皇后とは限りませんが、皇位継承を考えるために、霊的な判断力をもつ人の発言が重きをもつ場合があったかもしれないという状況を常に念頭におかねばならないと、私は

大津皇子の自宅があった訳語田の宮と伝えられる春日神社（桜井市）

思っています。つまり、むやみに今日の政治的論理をふりかざして、古代を説明してはならないということです。

ともかくも、皇位継承の渦中で、大津皇子《おおつのみこ》の謀反が起こりました。九月九日、天武天皇が死去し即座に皇后の称制となったのは、大津皇子の謀反の陰謀が察知されていたからだと思われます。謀反は一〇月二日に発覚し皇子と加担者の逮捕となり、翌日の三日に皇子は訳語田《おさだ》（桜井市戒重《かいじゅう》）の家で自害に追いやられ、妃の山辺皇女《やまべのひめみこ》が皇子の後を追って髪を振り乱し殉死しました。

先に、皇太子草壁皇子は皇位にはつけないほど肉体的に衰弱していたのではないかと述べましたが、死去するのは大津皇子の事件から約一年半後のことです。病床にありながらも、天武天皇の桧隈大内《ひのくまのおおうちの》陵《みささぎ》の築造をはじめるにあたって公卿《まえつきみ》たちを率いるような政務を行っています。とすれば、大津皇子の謀反とは、皇太子を殺害することにあったとしか考えられません。そして、謀反を断罪する最終の決定権は天皇にあるとすれば、皇后が間髪いれずに称制をしいた意味は理解できます。

なぜ、大津皇子は謀反に走ったのでしょうか。『日本書紀』には、文筆にすぐれ「詩賦《しふ》興《おこり》、大津より始れり」とまで称えられています。奈良時代の漢詩集『懐風藻《かいふうそう》』によれば、新羅からの渡来僧侶行心《ぎょうしん》に、天皇になる骨相をしていると言われ、謀反をすすめられたことが皇子を挑発させたのでしょう。悲しい乱舞でした。

正式に即位、藤原宮に移る

持統天皇が正式に即位するまでは称制として政務にたずさわっていましたが、この間に大津皇子の処刑、そして草壁皇子の死去と苦しい悲しい出来事に見舞われました。また、天武一〇年（六八一）に編纂《へんさん》が始められた飛鳥浄御原令《あすかきよみがはらりょう》とよばれる法令が、六八九年各役所に配布され、翌年には戸籍（庚寅年籍《こういんねんじゃく》）がつくられました。即位は六九〇年ですが、称制のはじめから数えて持統四年とします。飛鳥浄御原宮《あすかきよみがはらのみや》での即位です。剣と鏡の神璽《しんじ》（神器のこと）が皇后に献上され、皇位につく儀式が行われました。三種の神器と言われますが、本来は中国では、剣と鏡の二種が原形でした。剣と鏡との組み合わせは本来、道教の呪術的なものに起源をもちますが、神器となりますと天皇のもつ霊威を示すと解釈してよいでしょう。

その年に天武天皇の子である高市皇子《たけちのみこ》を太政大臣《だじょうだいじん》に任命します。すぐれた人物であると想像できますが、母が胸形《むなかた》氏であったことによるのでしょうか、即位できなかったと思われます。高市

平城京の外京に配置された元興寺の本堂（奈良市）

皇子の子が、平城京の時代に左大臣にまでのぼりつめ、藤原氏によって自害させられた長屋王です。

持統八年（六九四）に天皇は藤原宮に移ります。天皇が直接にかかわる空間を宮と言い、それをとりまく居住地区を京とよびますが、正式には新益京《あらましのみやこ》と名付けられ、藤原京とはよばれませんでした。しかしいつごろからか、研究者までもが藤原京という名称を使うことになりました。いささか厳密性を欠く思いがしますが、ここでも藤原京とよぶことにします。ただ、新益京とよぶのは、何か意味があるはずです。おそらく、飛鳥の宮に新しく付け加えてできた京ということだろうと考えられます。

以上のようなことを書きながら、私なりに「なるほど、そうか」と気づきました。

新益京と飛鳥の宮とは、一体であったとみるとしたら、平城京の外京《げきょう》にあたるのが飛鳥の空間に相当するものであったのではないでしょうか。平城京の場合、外京にもともとの飛鳥寺（法興寺）の元興寺が配置されました。それゆえに、元興寺あたりを平城京の明日香とよばれたと解されてきました。ところが藤原京が正式に新益京と称され、飛鳥と一体とする都城空間と認識されていたのなら、新しく造られた平城京は、以前の飛鳥の空間を碁盤目状に整備した張り出し部分、つまり外京を造ったと考えられないでしょうか。大伴坂上郎女《おおとものさかのうえのいらつめ》の元興寺の里を詠む歌一首として「故郷《ふるさと》の　明日香はあれど　あをによし　平城《なら》の明日香を　見らくしよしも」（巻六―九九二）という万葉歌があります。「見らくしよしも」は「見るのは実によいものだ」という意味です。平城京の元興寺あたりをよんでいますが、外京の空間全体を藤原京時代の飛鳥と見立てていたと思われます。飛鳥のコピーではなく、藤原京＋飛鳥という平面配置を外京をもって継承したと思われます。外京という名は、古代にはなく建築史家関野貞《せきのただし》氏によって便宜的に付けられたものです。

高天の原望み政務のエネルギーに

持統天皇の足跡を語る時に最も注目すべきことは、在位中と譲位の後の太上天皇の時代も含めて三二回も吉野に行幸していることです。年に二～三回、吉野に出向いていることになります。高風光明媚な吉野にでかけたという観光旅行のような解釈がありますが、それはないでしょう。高市皇子が日常の政務をしていたとしても、天皇の行幸によって再三宮を留守にすることはできないと思われます。それでは、吉野行幸の目的は何だったのでしょうか。天皇の吉野行幸も重要な祭りごとであったと考えられます。

持統天皇の和風諡号《わふうしごう》（亡くなってから与えられるおくり名）が『日本書紀』では「高天原広《たかまのはらひろ》

吉野宮があったとされる宮滝から見える青根ケ峯

野《の》姫《ひめ》天皇《すめらみこと》」であることと吉野行幸とが関係があると私は考えています。『続日本紀』の文武天皇の大宝三年（七〇三）条によりますと、持統天皇の死去によって飛鳥岡で火葬される前に誄《しのびごと》（弔辞のようなこと）を奉る儀式では、和風諡号は「大倭《やまと》根《ね》子《こ》天《あま》之《の》広《ひろ》野《の》日《ひ》女《め》尊《のみこと》」と称されています。ところが『日本書紀』においては、先述のように変わっているのです。『日本書紀』は養老四年（七二〇）に完成していますので、『日本書紀』の編纂において、持統天皇の和風諡号について検討がなされたと思われます。

『日本書紀』の本文には、高天の原という言葉は一カ所しか使われていません。『日本書紀』は本文をもってストーリーを追うのが正当な読み方です。ところが高天の原が「一書に曰く」など別伝あつかいになっています。ということは、高天の原は『古事記』が創りあげた宇宙観を構成するものとみなすことができます。にもかかわらず、持統天皇の和風諡号に使われていることは、生前の行為に高天の原と強いつながりがあったとみられていたからでしょう。火葬の際の和風諡号では、持統天皇の足どりが十分に説明できないという意見があったからだと想像できます。

持統天皇の三十数回に及ぶ吉野行幸は、高天の原の神々から天皇としての霊をさずかることにあったのではないかと私は思います。吉野町宮滝に比定されている吉野宮の推定地から南に目をやりますと、かつて広野千軒とよばれた場所が見えます。諡号の「広野姫」はこの地名に由来するとすれば、高天の原とのつながりを想定できます。中国の六世紀に成立した、河川の水系について詳細に書かれた『水経注《すいけいちゅう》』という文献に「皇天原」という言葉が出てきます。そこには「その高さは千仞《せんじん》ばかり（非常に高いこと）、漢の世、その上に天を祭る」とあります。これに相当するのが吉野の大峯山系（金峰山《きんぷせん》）とされていたと考えれば、「皇天原」を高天の原と日本語に言い直したと解釈できます。吉野宮から真南に金峰山の北端の山、青根ヶ峯のピークが見えます。

持統天皇は吉野宮から広野そしてその向こうに金峰山＝高天の原を望み、霊力を呼びこみ、政務のエネルギーの源泉としたと思われるのです。

文武天皇

天武天皇の孫わずか一四歳で即位

持統天皇は軽皇子《かるのみこ》（文武天皇）に譲位しますが、前例としての譲位は、皇極天皇が乙巳《いっし》の変の混乱を鎮静化するために孝徳天皇に天皇の位を譲ったとすること以外にはありません。皇極天皇の場合は、特別な事情があったからとしますと、持統天皇から文武天皇への譲位が正式なものの最初とすることができます。

文武天皇は、天武天皇の孫。草壁皇子《くさかべのみこ》の第二子にあたります。文武天皇元年（六九七）当時は一四歳、通例としては三〇歳前後に天皇の位につくとすると早すぎる即位です。持統女帝は五二歳の時です。譲位しなければならない状況があったと考えねばなりません。おそらく持統天皇を支えてきた天武天皇の第一子である高市皇子《たけちのみこ》が死去したことによるとみてよいでしょう。

文武天皇は即位した年に、藤原不比等《ふじわらのふひと》の娘、宮子《みやこ》を夫人《ぶにん》とします。夫人とは、皇后・妃につぐ身分ですが、文武天皇は皇后を立てませんでした。

若くして天皇になった文武天皇を支え、かつ天皇の政務をリードしたのは藤原不比等でした。藤原不比等は藤原鎌足の息子ですが、持統朝に判事として政界に登場します。判事とは今日の裁判所の判事同様、犯した罪の軽重を定めるのを任とするものです。

文武朝における重要な出来事は、大宝律令が完成し、わが国の律令という法体系が完備したと

文武天皇が即位した藤原宮の大極殿跡。近くに香具山が見える（橿原市）

みなされています。一九名によって編纂されましたが、その中心的役割を果たしたのは法典に通じていた藤原不比等であると思われます。なぜ藤原不比等が法律に詳しい知識を持っていたのでしょうか。それは、不比等が幼年の頃、文筆・記録を専門にした山科の田辺史大隅《たなべのふひとおおすみ》の家で養育されたことによると言われています。したがって不比等の名は「史《ふひと》」に由来します。

『続日本紀』文武天皇四年（七〇〇）三月条に、王臣たちに令文を読習させ、さらに律の条文を作成させたという記事があります。これは、すでに大宝令の令文ができあがっていたので、王臣たちにそれを読ませて理解させ、さらに続いて律の作成を命じたというように理解してよいでしょう。律は刑法、令は行政法・訴訟法などに相当します。

大宝元年（七〇一）新しい令による施政が宣言され、律は大宝二年（七〇二）に天下に広く知らしめました。大宝令の条文は明らかではないのですが、平安時代につくられた「令義解《りょうのぎげ》」・「令集解《りょうのしゅうげ》」という養老令の解釈書によってほぼ知ることができます。養老令は大宝令とほとんど同じであることもわかっています。まして養老令は養老二年（七一八）に完成されましたが、施行は天平宝字元年（七五七）とかなり完成後年月を経てからでしたので、養老令は大宝令の細部を修正しただけで、施行を急ぐ必要がなかったからであるという説もあります。

ちなみに大宝という年号は、対馬から金が貢納されたことによって付けられました。国家の中枢をなす大宝令の作成によって、政府における藤原不比等の発言力は重みを増していきました。

中断していた遣唐使復活

若くして即位した文武天皇の時代ですが、先に述べた大宝令など、歴史上、無視できない出来事がありました。

『続日本紀』大宝元年（七〇一）正月元日条に、天皇は大極殿に出て、官人たちから新年の挨拶を受けますが、その儀式は大極殿の正門に烏形《うけい》の幢《はた》を立てたとあります。当時の烏形の幢がどのようなものかわかりませんが、後年の図解を参照しますと、一番上に金銅製の三足の烏をおき瓔珞《ようらく》（糸を通して珠玉などを吊り下げたもの）で装飾し長い柄につけて立てたものです。さらに続けて、左に日像・青竜・朱雀の幡《はた》、右に月像・玄武・白虎の幡を立てました。また蕃夷《ばんい》（遠方にあって文化が進んでいない土地の人々）を左右に立たせたとも記しています。幢や幡の図柄が天皇の統治する宇宙世界の表現で、その周辺に居住する蛮夷の人たちでもって華夷《かい》世界、つま

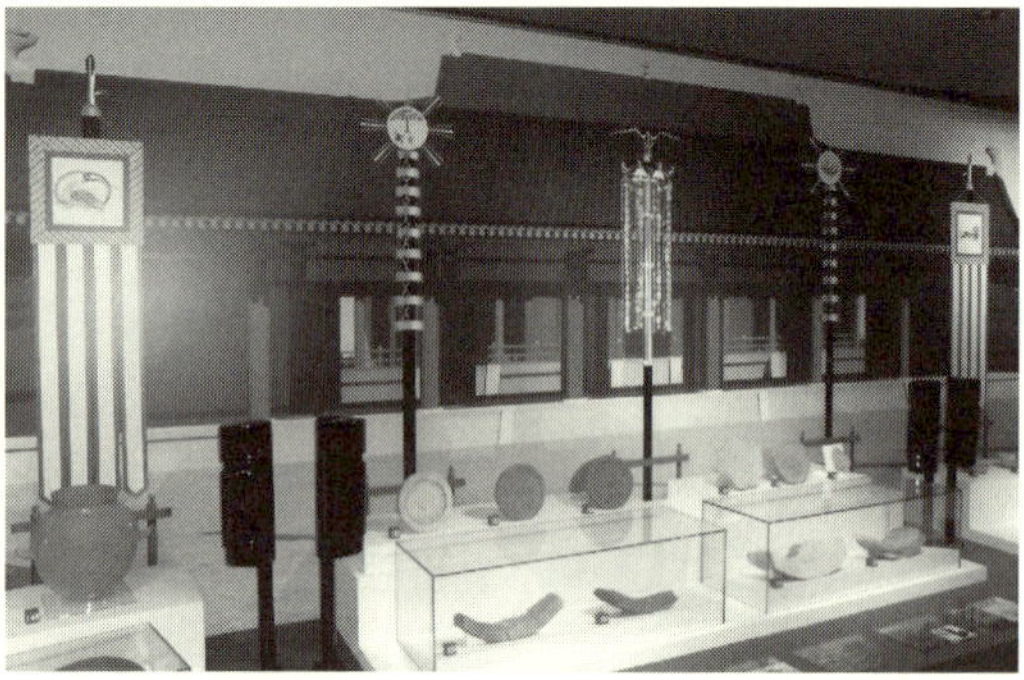

藤原宮大極殿南門と幢や幡を再現した画像
（歴史に憩う橿原市博物館常設展示室）

り中華思想をビジュアルに示しました。『続日本紀』には、このような儀式でもって「文物の儀、是に於て備はれり」とありますので、唐の方法を取り入れて整備できたということでしょう。

　中断していた遣唐使が復活したのも文武朝の出来事の一つです。唐の勢力が新羅に押し寄せ、かつ海をわたって日本にまで及びかねないというので、日本と新羅が同盟的な関係を結びます。そのため遣唐使は停止となり、むしろ遣新羅使を派遣して外交的なつながりをもちました。やがて唐に対する警戒感はうすれ、大宝二年（七〇二）六月、大宝令の編纂《へんさん》に参画した粟田真人《あわたのまひと》を遣唐執節使《けんとうしっせつし》（天皇の全権を委任する印としての刀をもった遣唐使）とする遣唐使一行は、暴風雨のおさまるのを待って大陸に向かいました。大安寺の創建に尽力した道慈《どうじ》や山上憶良《やまのうえのおくら》も同行しました。厳密にいいますと、この時、唐という名前の国はなく、中国の歴史で唯一女性皇帝の則天武后《そくてんぶこう》が君臨する周という国でありました。

　慶雲元年（七〇四）七月、遣唐使が帰国しました。粟田真人の話によると、唐（周）に入った時「どこの国からきた使節か」と尋ねられました。そこで「日本国の使節だ」と答えました。唐（周）

の人は次のように言いました。「しばしば、海の東に大倭国《やまと》があると聞く。君子の国であるという。人々は豊かに楽しく暮らし、礼儀にあついと。今、使いの人を見ると、立ち振舞が、甚だ清らかである。信じるに足りる」と。この時、すでに日本という国の名が定まっていたことを知ることができます。

この遣唐使がもたらした資料が平城京造営に関係したという説もありますが、真偽のほどはわかりません。しかし、則天武后の存在が、後になって奈良時代の光明皇后に影響したことはありうると思います。そのことについては、後ほど述べたいと思います。

粟田真人らが唐（周）に滞在中の、大宝二年（七〇二）一二月に持統上皇が亡くなります。仮に埋葬されていたのでしょうか、一年後に天皇としては初めて火葬され、天武天皇が葬られた大内山陵に合葬されます。

藤原京の完成直後、遷都議論

持統上皇が死去したことは、若い文武天皇にとっては強力な後ろ盾をなくしたことになりました。これより後は、夫人宮子の父である藤原不比等の発言が益々強くなることは、文武天皇はわかっていたと思います。しかし自分は、天皇家の血をひいている、祖父は天武天皇であるという自負は、心の中に持っていたはずです。

大宝元（七〇一）年二月と翌年七月に吉野宮（吉野離宮）に行幸しています。吉野深山の神に祈るとともに、祖父天武天皇を顕彰することが目的であったと考えられます。

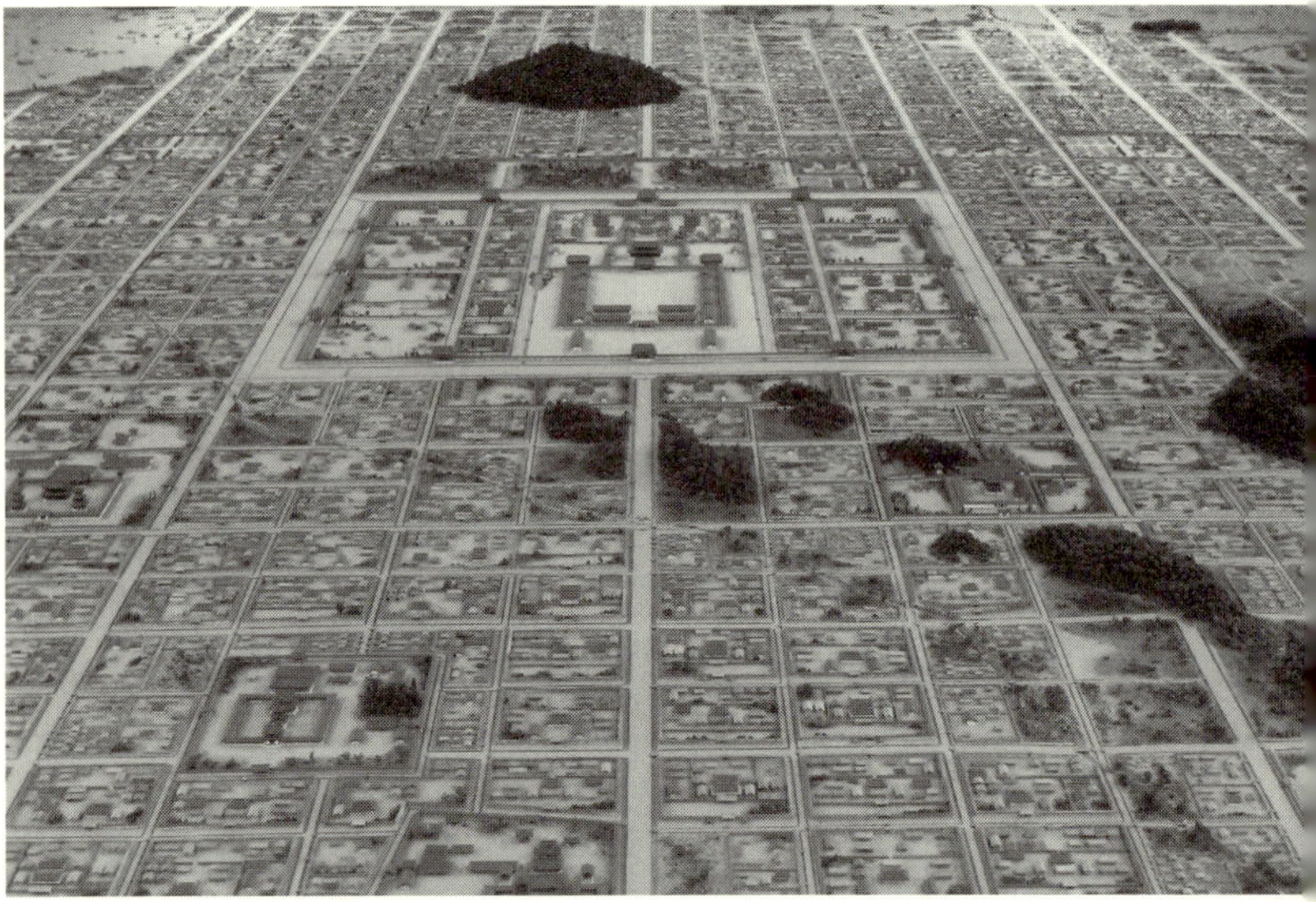

藤原京の復元模型（橿原市藤原京資料室、橿原市教育委員会提供）

『続日本紀』は、大宝元年条に、「是の年。夫人藤原氏、皇子を誕す」と記しています。首皇子《おびとのみこ》（後の聖武天皇）の誕生です。文武天皇にとって、自分の後継は藤原氏の系譜にも連なる可能性が浮上してきました。藤原氏にとっては、天皇家の外戚となれるまたとないチャンスが到来したのです。

『続日本紀』慶雲四（七〇七）年二月条に詔として「遷都のことを議せしむ」とあります。この記事にやや疑点があるのは、文武天皇はその年の六月に死去することと、その死因が病気であるとすると、天皇自ら率先して遷都についての発議をすることは、あり得ないと思います。

藤原不比等が天武天皇の構想した藤原京を廃都として、孫の首皇子が即位するにふさわしい、唐の長安を模した都を新しく造営することを意図したのではないかと推測します。

『続日本紀』慶雲元（七〇四）年条の次の記事を合わせ考えますと、遷都を発議した事情を探ることができるかもしれません。「始めて藤原宮の地を定む。宮中に入る百姓一千五百五烟《えん》に布を賜うこと差あり」とあります。

持統天皇が藤原宮に遷ったのは持統天皇八（六九四）年です。それから一〇年も経て、はじめて藤原宮を定めるというのは理解できません。まして身分に応じて布を賜るというのですが、宮中に一五〇五戸も居住させるには、面積が小さすぎます。

この記事の解釈については諸説がありますが、まず、宮は京の誤りだと思います。私は、この年になってやっと藤原京（新益京）が完成したのではないかと推定します。

その背景には、藤原京造営推進派と藤原京造営反対派の対立があったのではないかと思います。推進派は、天武天皇の遺志をくむ皇親勢力です。反対派は藤原不比等、その息子藤原武智麻呂、大宝令の制定のメンバーで、不比等を養育した田辺史氏らであったと思われます。

推進派と反対派の綱引きで、藤原京の建設は遅々として進まなかったのですが、ようやく藤原京ができあがって間もなく、三年後に遷都のことが議論されるようになったのです。

藤原京を廃都として遷都する理由を、『続日本紀』慶雲三（七〇六）年条に京内にけがれた悪臭があるという記述をとりあげ、都市環境の悪化に求める説があります。しかし、悪臭を取り除くことは、そんなに難しいことではありません。新しい都を造るという膨大なエネルギーを費やす事業を実施することは、極めて政治的な問題なのです。

元明天皇

不改常典に従った中継ぎ女帝即位

文武天皇は二五歳で死去しました。あまりにも若すぎる死によって、実力者藤原不比等の政権構想は見直しを余儀なくされました。不比等は文武天皇と夫人《ぶにん》藤原宮子との間に生まれた首皇子《おびとのみこ》が文武天皇の後に即位することによって、藤原氏の外戚《がいせき》（母方の親戚）としての立場を築くという政略を描いていました。だが、文武天皇の夭折《ようせつ》によって、不比等の構想は修正しなければならなくなりました。幼い首皇子が即位するわけにはいかず、慶雲四年（七〇七）七月、文武天皇の母である阿閇皇女《あへのひめみこ》を後継天皇につけました。元明天皇です。変則的な即位とみられますが、首皇子を天皇にするための論理にかなう方法でありました。

元明天皇は、天武天皇、持統天皇を父母とする草壁皇子の妃でありました。草壁皇子も若くして死去し、その子である文武天皇も病に倒れるという、混乱する政局の渦中で不比等は後継天皇の問題に直面しました。ここを切り開かないと、首皇子の即位への道筋は断たれることになります。

『続日本紀』には、文武天皇の遺詔《いしょう》（天皇の遺言）によって即位したとありますが、実際は首皇子が天皇の位につくまでの中継ぎ的な役割として政務にあたったとみることが以下のように説明できます。

文武天皇の墓として有力視されている中尾山古墳（明日香村）

元明女帝が藤原宮の大極殿で下した詔《みことのり》には、次のような一節があります。「持統天皇は、文武天皇元年八月に、この天下を治めていく事業を草壁皇子の嫡子《ちゃくし》（正妻が生んだ子）である文武天皇に授けられて、二人で天下を治めてこられた。これは、近江京におられた天智天皇が永遠にあらためてはならないとされた不改常典《あらたむまじきつねののり》という法に従って、皆のものが仕えてきた。わが子でもある文武天皇が、昨年一一月に、母親の私に皇位を継ぐようにとおっしゃった」。つまり、不改常典にいう皇位継承の原則は、男性天皇への嫡子相続なのです。ということは、文武天皇を継承するのは、首皇子でなければならないのです。首皇子が幼少で即位するには無理となれば、当然中継ぎをして首皇子の成長を待たねばなりません。文武天皇の次に男性天皇が即位すると、もはや首皇子に皇位をリレーしていくことは容易でなくなります。

不改常典を遵守《じゅんしゅ》して、文武天皇から首皇子の間を埋めるため、女性天皇が即位し適当な時期を見計らって退位し、男性天皇に譲位すればよいということになります。元明天皇はそのために即位したと言えます。

この場合にも、解決しなければならない問題がありました。それは、やがて元明女帝となる阿閇皇女は草壁皇子の妃であったに過ぎず、皇后ではありません。歴代の推古女帝、皇極女帝が皇后から天皇になったような条件をもち合わせなかったではないかということになります。瀧浪貞子氏の指摘によれば天皇の忌日とする国忌《こき》が草壁皇子にも定められているので、阿閇皇女も皇后に準じられていたとされ、そのことが天皇となるに有利にはたらいたとされます。

平城京遷都への圧力に抗しきれず

元明天皇は、藤原京から平城京に遷都するという動きが日毎に強まってきたことを感じていました。藤原京は義父にあたる天武天皇が国家構想の一環として考えた本格的な都城《とじょう》であり、持統天皇が飛鳥から遷都してから一〇年余りしかたっていないのです。それを廃都にするというのは、藤原不比等の意図がはたらいているとみることができます。遷都の方針は、一つには藤原氏の血をひく首皇子（後の聖武天皇）を新しい都で即位させたいという理由によるものと考えてよいでしょう。現実的にはそれは不可能となりましたが、不比等にとって唐の律令をモデルにして大宝律令を成立させましたので、次には唐の長安城に似た都の建設が、国家プロジェクトの目標

平城京が造営された奈良盆地北端部。「四禽図に叶ひ、三山鎮を作し」と称された

としてありました。

一方、首皇子が天皇になるまでの中継ぎ天皇を強いられた元明天皇にとっては、天武天皇の創案になる藤原京は死守すべき存在でありました。元明天皇は藤原氏の遷都推進の圧力に耐えつつ、和銅元年（七〇八）二月、遷都の詔を下さねばなりませんでした。本来、詔は天皇の意思が強く表現されるものですが、遷都の詔は消極的な内容になっています。

「……遷都については、必ずしも急がなくてもよい。……だが、多くの臣下たちの発言をおさえることがむずかしい。自分一人だけが、安楽な気持ちであってよいものか。もし遷都によって利点があるならば、臣下たちの意見に従うべきであるまいか」

詔に遷都に関する堂々とした歯切れのよい言葉づかいを感じとることができないのです。そして藤原氏サイドに押し切られるように、平城遷都は決定されます。元明天皇は、遷都に先立って、平城京建設の予定地を巡幸します。遷都の詔の最後のあたりに「平城の地、四禽図《しきんと》に叶ひ、三山鎮《ちん》を作《な》し、亀筮《きぜい》並びに従ふ。宜《よろ》しく都邑《とゆう》を建つべし」（平城の地は四神の地形配置に適応し、三つの山でもって土地を鎮めている。亀甲や筮竹《ぜいちく》の占いによってでも、よいということであるので都を建てる土地として、よい）とあります。

四神にかなう地形とは、東の青龍は河川、南の朱雀は池沼、西の白虎は大道、北の玄武は丘陵のことを言います。平城京の場合、平城京建設前について述べているわけですので、東の河川は佐保川に合流する小河川群、南の池沼は佐保川や秋篠川が合流する湿地状の土地、西の大道は河内と結ぶ道路、北の玄武は平城山《ならやま》ということでしょうか。平城山ではなく、平城《へいぜい》天皇陵古墳とする見解もあります。三山は、平城山、春日山、そして生駒山をあてるべきでしょうか。あるいは、生駒山の代わりに垂仁天皇陵古墳とみる説もあります。

元明天皇は平城京建設予定地を巡幸し、地鎮祭もしますが、その一環として菅原にも行幸します。そして布と穀物をその地の人々に与えて移転させています。その意味がわかりにくいのです。

藤原宮を去る寂しさ

いよいよ平城遷都の日が近づいてきました。和銅三年（七一〇）の正月朔《ついたち》、元明天皇は藤原京の大極殿に出御《しゅつご》して、臣下の者から新年の祝賀を受けました。朱雀門の外に将軍たちが参列し、騎兵を先頭に隼人や蝦夷らを率いて進みました。正月の一六日には、天皇は朝堂院の南門に出向き、文武百官ならびに隼人・蝦夷に宴を賜り、各地の音楽が奏でられました。

この新年の儀式を、新しく完成した平城京でなされたとする説がありますが、平城遷都の年とはいえまだ建設途上ですから、藤原京での惜別の式とみるのがよいと思います。元明女帝にとって天武天皇の夢がかなった本格的な都を後にしなければならない無念の気持ちをはらす心境であったと想像できます。

『続日本紀』和銅三年三月一〇日条に「始めて都を平城に遷《うつ》す」とあります。正式に遷都した日の記録です。和銅三年二月、元明女帝は新しい都の地に向かいます。そのとき詠まれた歌には、後ろ髪がひかれる思いが漂います。

　和銅三年庚戌《こうじゅつ》の春二月、藤原京より寧楽宮に遷りましし時、御輿を長屋の原に停めてはるかに古郷を望みて作らす歌　一書に云はく、太上天皇の御製

　飛ぶ鳥の明日香の里を置きて去なば君があたりは見えずかもあらむ（『万葉集』巻一―七八）

中ツ道跡を通る県道。このあたりが「長屋原」だったとの説もある（天理市）

元明天皇が藤原宮から輿《こし》に乗って平城の地に向かう道中、長屋原で飛鳥の地をはるかに望んで詠んだ歌です。長屋原は天理市長柄あたりでしょうか。中ツ道をまっすぐ北に平城京をめざしたと思われます。恋しい「君」のいるあたりを望んでいますが、その「君」とは、おそらく夫草壁皇子《くさかべのみこ》のことでしょう。草壁皇子は高市郡真弓丘陵に葬られています。

近年の解釈では、藤原京の大極殿が平城京に移築され

たといわれています。ということは、藤原京における最後の正月元旦の儀式の場であった大極殿が平城の地に移されるまでは、平城京には大極殿がなかったことになります。元明天皇は大極殿の存在しない平城宮にて政務をしたということでしょう。『万葉集』（巻一—七九）には、舟で初瀬川を下り佐保川をさかのぼって、奈良の新都におもむく人の歌もおさめられています。この歌にも、藤原京を去っていく寂しさが詠まれています。「遷都の大義」があったのかどうか、戸惑う人々が少なからずいたように思えます。

これまでも私が不思議に思うのは、遷都にともなった盛大な儀式が、新しい都ではなかったことです。持統天皇の藤原京遷都の時も『日本書紀』には華々しい祝賀の儀式がなされたとは書かれていません。平城京遷都に際しても、特別の行事がなかったようです。おそらく、遷都の時点で新都が未完成で、あちこちで建設工事がなされていて、あわただしい状況にあったからでしょう。

平城遷都にあたっては、まずは国家の交通路の整備にありました。各地方と結ぶ官道のそれぞれのターミナルの駅を都の近くに作りました。それは都停《とてい》駅と呼ばれました。

私的な空間で編まれた『古事記』

平城京に遷都はしたものの京の造営と国家の統治については、諸問題がありました。

遷都の翌年、和銅四年（七一一）九月になっても、平城京の宮垣は未完成でした。諸国から派遣され京の建設工事に従事した労務者たちは、過酷な労働のため身体が疲れ、現場から逃亡する

『古事記』を編纂した太安万侶の墓（奈良市）

者もでてきました。

和銅五年（七一二）の正月一六日、元明天皇は平城京での労役を終えて故郷に帰る人たちについて、各国の国司たちはいつくしみ物を恵むようにと詔を下しました。あるいは労役だけではなく各地から平城京へ貢納物を納めた帰路、食料が十分ではなかったため郷里に帰ることもできない人たちも少なくありませんでした。そこで、貢納物を京に納めた帰路は、銭などで食料を調達することの便宜をはかるようにとの詔も出しました。そのことは、過酷なやり方で地方から物資を納めさせるという強い権力による支配がなされていたことを反映していることになります。都の華麗な文化にのみ奈良時代の特質を見出すだけでは、国家統治の実体は見えてきません。

中国の律令制度を参考にして作成されたわが国の律令の施行は、十分ではありませんでした。元明天皇は和銅四年に「律令を整備して以来、久しい年月がすぎた。にもかかわらず、全体の一、二を施行しただけで全部を施行するに至っていない。このような事態は諸司が怠慢で任務を忠実にしていないためである」という詔をしました。その後も律令に違犯する者たちを取り締まるため、弾正台という役所に月に三度、事情を調査するよう、元明天皇は強く命じています。

以上のように元明天皇の時代は、政治的には不安定な様相を呈していたといえます。

元明朝において、ひそかになされた事業がありました。それは太安万侶による『古事記』の編纂です。なぜひそかにといいますと、正史である『続日本紀』には、そのことについて一言も触れられていないからです。つまり国家の事業ではなかったのです。『古事記』は元明天皇の義父にあたる天武天皇の提唱によるもので、『日本書紀』というこの国最初の正史が作られようとしている時、『古事記』は正史という位置づけはされていませんでした。『古事記』の下書きのようなものが元明女帝の目の届くところにあり、壬申の乱の功臣、多《おおの》（太）品治《ほむじ》の息子と思われる太安万侶に完成させるように命じました。もともと天皇に近侍して世話をする舎人《とねり》の稗田阿礼《ひえだのあれ》に記憶させた天武天皇の勅語を元にして『古事記』の枠組みがつくられたことを考えますと、『古事記』は公的な史書作成の部局で編集されたのではなく、むしろ私的な空間で編まれた書籍であるとみることができます。

時代は、次第に藤原氏に寄り添って動いていきます。和銅七年（七一四）六月、皇太子首皇子は元服し、翌年の霊亀元年（七一五）正月の朝賀《ちょうが》の儀に礼服を着て参列しました。それを見届けて、元明天皇は娘で文武天皇の姉の氷高《ひだか》内親王に譲位します。皇太子首皇子が天皇位につくにはまだ若すぎるという判断をしたと考えられます。

元正天皇

中継ぎ即位を自認、藤原氏に憎悪

元明女帝が娘の氷高《ひだか》内親王に譲位した時の詔に、「年老いて気力を欠いてきたので、心安らぐ境地を求め、風や雲のように自由な生活を営みたい。いろいろな関係を断ち、履物をぬぎすてるように、天皇の位をやめたい。よって、神器を皇太子に譲りたいのだが、まだ幼いので、奥深い宮殿を離れることはできない」と述べられました。この詔ではっきりと、自分は首皇子《おびと》が皇位につくまでの中継ぎであることが明言されています。さらに、皇太子首皇子が天皇になるには、年齢的には若すぎると言っています。

七一五年、氷高内親王が大極殿で即位しました。元正天皇の誕生です。元号は霊亀と改元されました。左京の人が霊亀を献上したことによると『続日本紀』に書かれています。

霊亀とよばれた亀は、長さ七寸、幅六寸。左目が白、右目は赤で、頸《くび》には三公（周の最高官職）を示す星文があり、背には北斗七星が描かれ、前脚・後脚には易のしるしがあり、腹の下に赤と白の点が連なり、八の字になっていたと言います。奈良時代には亀がめでたい動物として献上された事例がいくつかあります。元正天皇の次が聖武天皇の登場ですが、白い亀があらわれ神亀という元号が付けられました。

難波宮《なにわのみや》の南方に珍努宮《ちぬのみや》（和泉宮）とよばれる離宮がつくられましたが、河内国の大鳥・和泉・

平城宮跡・復原第一次大極殿にある天皇が着座する「高御座」の実物大イメージ模型

日根の三郡を割いて珍努宮のある行政区画を和泉監《いずみげん》と称しました。大和では吉野宮を中心として吉野監がおかれました。いずれも天平一二年（七四〇）頃に廃止され、前者は和泉国となり、後者は大和国に編入されます。

元正天皇の行幸先をみていきますと、天武天皇とゆかりの地を選んでいることに気づきます。難波宮は天武天皇一二年（六八三）に副都と定めましたが、元正天皇は養老元年（七一七）二月に難波から和泉宮に行幸しています。同年九月には、美濃国に行幸します。美濃国の不破は壬申の乱の時に、大海人皇子（後の天武天皇）側の集結地でしたが、元正天皇は不破の行宮《あんぐう》に滞在します。近くの美泉にちなんで養老と改元しました。中国・後漢の醴泉《れいせん》の故事に倣って老を養うものとみなしたことによります。亀がめでたい動物とされたのは、道教で「鶴は千年、亀は万年」といわれるように長寿のシンボルであり、養老も文字通りに長生をもたらす水とみなされたからです。さらに、天武

天皇ゆかりの地である吉野宮にも養老七年（七二三）に行幸しています

これらの土地への行幸は深い意味をもっていると私は思います。元正天皇は藤原不比等が目指している首皇子即位までの中継ぎ的役割を果たすことのみ期待されている女帝であることは自ら認識していました。しかし、母親の元明天皇の即位の時と同様、藤原氏とりわけ藤原不比等に向けた憎しみは、胸の中で燃え盛っていたと想像できます。祖父天武天皇のゆかりの地をたずねることは、単に顕彰するのが目的ではなかったように私は思います。むしろ、機会をみて藤原氏を政権の中枢部から引き離すべき行動をとらねばと思っていたと私は推測します。

権力の重心は藤原氏から皇親勢力に

元正天皇の時代に政治情勢の動きの中で注視しなければならないのは、右大臣藤原不比等が亡くなったため、長屋王にかわったことです。藤原不比等は大宝二年に諸国に施行された大宝律令作成の中心的人物でした。

大宝律令を改定する必要があったためでしょうか、養老二年（七一八）再び藤原不比等に新しい律令、いわゆる養老律令の作成が命じられました。しかし、養老四年（七二〇）に不比等が亡くなったため完成したかどうか不明ですし、先に述べたように養老律令が施行されたのは天平宝字元年（七五七）のことです。藤原仲麻呂が権勢を誇った時代に、祖父不比等の業績を顕彰するためだったともいわれています。これまでの研究では、大宝律令と養老律令との間には、基本的に大きく異なる点がなかったと理解されています。

長屋王の邸宅があった場所。大量の木簡が出土した（奈良市）

元正天皇の時代に特記すべきことは、養老四年（七二〇）に『日本書紀』が完成したことです。『古事記』とは異なり、国家の正史として位置づけられるものです。それは、書名に「日本」という国名が記されていることからも明らかです。

『日本書紀』天武天皇一〇年（六八一）に「帝紀」「上古諸事」について記録するように命じられているので、『日本書紀』の編纂事業はその年から開始されたとみる向きもあります。としますと『日本書紀』の完成には四〇年近くもかかったことになります。しかし、天武天皇にとっては『古事記』の成立に力を注いでいましたので、天武天皇一〇年の記事は『古事記』に限定してはどうかと私は考えています。むしろ、和銅七年（七一四）に紀清人《きのきよひと》・三宅藤《みやけのふじ》麻呂《まろ》らに編集させたとする『日本書紀』の記事が正史の編纂《へんさん》の始まりとみられないでしょうか。

『日本書紀』が奏上される前年、皇太子首皇子は、はじめて朝廷に上り政務に関わりました。実質的に皇太子の側近的立場にあった不比等の居所は今の法華寺の位置にあり、首皇子の東宮にまるで隣接するような場所にありました。不比等が首皇子に託した藤原氏の宿望《しゅくぼう》をあからさまに感じ取ることができます。しかし、不比等は養老四年（七二〇）、首皇子の即位を見ることなくこの世を去ります。そして天武天皇の孫、高市皇子の子である長屋王が右大臣となり、権力の重心は藤原氏から皇親勢力に動きます。

長屋王は経済政策として、百姓を臨時に一〇日間ずつ食糧と用具を支給して開墾に従事させる百万歩開墾計画や、灌漑施設の充実と勧農政策を目的とした三世一身法を実施し、農耕地の拡大をはかろうとしました。また仏教にも深く傾倒し、詩歌など文学にも優れた才能をもつ才子でした。奈良市二条大路の邸宅跡からは大量の木簡が出土し、「長屋親王」「長屋皇宮」と書かれたものがあり、天皇の皇子でないのに親王と称されているのはなぜか、難しい問題提起がなされました。今に至るまで諸説がありますが納得できるものはありません。しかし、長屋王は皇親勢力で天皇の地位に近いところにいたことは確かです。

そして元正天皇が譲位し、首皇子が即位します。いよいよ藤原氏の血筋の天皇が登場します。

聖武天皇

平城京町並みをリニューアル

元号は神亀《じんき》と改められ、元年（七二四）二月四日、首皇子《おびと》は即位します。平城京の時代においてさまざまな事績を残す聖武朝の幕開けです。右大臣であった長屋王《ながやおう》は左大臣に昇格します。聖武天皇は天武天皇の曾孫《そうそん》であり、長屋王は孫にあたります。両者の関係は、もともと親密であったと思われます。そのことは、天皇みずからも長屋王の佐保の宅へ新築祝いに出向いて、歌を詠んでいることからもうかがうことができます。

あをによし奈良の山なる黒木もち造れる室《いへ》は座《ま》せど飽《あ》かぬかも（『万葉集』巻八―一六三八）

奈良の山で育った丸木で作った家は、飽きることなく居心地がいいものだというのがおおよその歌の意味です。後に述べることになりますが、この歌の情景からは長屋王が謀反のかどで自害に追いやられる気配は全く感じられないのです。

平城京が聖武天皇の時代になったのをきっかけとして、今風に言えば町並みのリニューアルがはかられます。天皇が即位したその年に「国の都は壮麗《そうれい》でなかったら、何でもって徳を示すことができるであろうか。板ぶき・草ぶきの家は昔の格好で、建てるのに難しく壊れやすいので、資材を無駄にしてしまう。五位以上の者あるいは建築の費用に余裕がある者は、瓦ぶきの家を建てて赤や白の色で塗るように」という指示が太政官《だじょうかん》から出されました。

奈良市役所にある平城京復原模型（奈良市提供）。
多くの建物が建ち並ぶ様子が表現されている

聖武天皇即位の年に、気がかりな出来事がありました。一つは、即位してひと月もたたない三月一日に吉野行幸し、五日に平城宮に帰還していることです。これまで述べてきましたように、吉野はとりわけ天武天皇の記念碑的な場所です。壬申の乱の旗揚げをし、即位した後は一族の結束を誓ったところです。聖武天皇は即位して間もなく吉野行幸をするのは、藤原氏によって擁立されたとはいえ、天皇の親族・皇族である皇親派の象徴的存在である天武天皇ゆかりの聖地に出向いたのは、複雑な心中をのぞかせていると思われます。天平年間の政治的な揺れ動きが起こる予兆とみられます。すでに、元正女帝の時代にも、吉野行幸があったことと重ね合わせて考えることができます。いずれ、そのことをとりあげることにします。

もう一つの事件は、三月二二日に長屋王が天皇の母、藤原宮子の呼称に関して異を唱えました。藤原夫人《ぶにん》を大夫人《おおきさき》と称することになったが、律令の「公式令《くしき》」によると「皇太夫人」というべきである、どのようにすればよいかと問いただしました。これについて、文書に記すときは皇太夫人とし、口頭では大御祖《おおみおや》として、大夫人という称号は撤回するという詔が下されました。見かけは呼び方を変えただけのようですが、左大臣が天皇の定めたことを律令に従って改めさせたということになり、天皇を支えている藤原氏側にとっては許しがたい行為であったと思われます。

長屋王自害は皇親派追討の戦略

聖武天皇について語るには、どうしても光明皇后のことを同時に述べねばなりません。とりわけ天平の時代は、天皇の行動だけでは十分に語れない状況があります。光明皇后という女性を

「長屋王墓」。近くに「吉備内親王墓」がある（平群町）

照らし出してこそ、この時代の底流を見ることができると私は思います。光明皇后はその聡明さと美しさによって光明子《こうみょうし》とよばれました。霊亀二年（七一六）、光明子は首皇子の妃となります。養老二年（七一八）、阿倍内親王（後の孝謙天皇）が誕生します。このことも後に記しますが、天皇のあり方について聖武天皇を考えさせ、悩ませるきっかけとなりました。

神亀元年（七二四）の首皇子の即位にともなって、光明子は夫人となります。夫人は皇后、妃に次ぐ位です。光明子が皇后になるためには皇族出身でなければなりません。父は藤原不比等《ふじわらのふひと》ですから、皇后になる資格はなかったといえます。にもかかわらず天平元年（七二九）皇后になります。その理由として、先例を仁徳天皇の皇后である磐《いわ》之媛《のひめ》が葛城氏出身であることに求められます。このような例外的なやり方を、藤原氏の強引なやり方であるとみるよりは、光明子の優れた資質にあるとみていいでしょう。

神亀四年（七二七）に、基王《もといおう》（一説に筆づかいによって某王とする）が誕生します。待望の皇子が生まれたので、聖武天皇にとっては後継天皇として即位させることができるとして安堵したでしょうが、それもつかの間、翌年、基王は逝去します。後年、東大寺が金鐘寺《きんしゅうじ》のあたりに建立されますが、金鐘寺の前身が基王の菩提寺だといわれています。

平城京の時代は、皇親派と藤原氏との対立によって、国家統治の主導権争いが激化しつつありました。天平元年（七二九）二月 左大臣長屋王がひそかに左道《さどう》を学び、国家を傾けようとしていると告発されます。左道とは呪いの術のことをいいます。このことを国家の非常事態とみなされたために、三関《さんげん》（伊勢の鈴鹿・近江と越前の境の愛発《あらち》・美濃の不破《ふわ》の三つの関）が閉じられます。反政府勢力が畿内に攻め入るのを防ぐためです。そして、藤原宇合《ふじわらのうまかい》らが兵を率いて長屋王の邸宅を囲み、罪を問いただします。後に冤罪《えんざい》であることが明らかとなるのですが、それにもかかわらず、長屋王が無実であることを言い張ることができなかったのは、藤原氏側がでっちあげた長屋王追放のシナリオがすでにできていたためにちがいありません。

長屋王は、室の吉備内親王をはじめ諸王とともに自害しますが、天武天皇の孫であるので醜い葬りかたをしないように、また草壁皇子の娘である吉備内親王は罪はないので通例によって葬送するようにと、聖武天皇は命じます。平群町に長屋王と吉備内親王の墳墓がありますが、私は、聖武天皇は親しい間柄であった長屋王の死を、どのようにみていたかを知りたいのです。おそらく、天皇の関知しないところでつくられた皇親派追討の戦略であったことは、乱のあとに察したと思います。

統治の万全を期す天平の元号

天平という元号は、背に『天王貴平知百年《すめらみことはたかくたいらけくももとせしろしめす》』（天皇は、とうとく、たいらかに、永遠に治めなさる）という文字が書かれた長さ五寸三分、胴の幅四寸五分（一寸約三センチ）の亀が献上されたことによります。具体的には、先の元号の神亀の六年（七二九）八月五日に改元となるのですが、公式にはさかのぼってその年の一月から天平という元号が施行されます。

この天平という元号は、聖武天皇による統治が万全となることを期するものでした。藤原氏によって構築される政治体制の画期として位置づけようとする意味をも表しました。その後も、天《てん》平感宝《ぴょうかんぽう》・天平勝宝《てんぴょうしょうほう》・天平宝字《てんぴょうほうじ》・天平神護《てんぴょうじんご》というように中国の唯一の女帝則天武后の時代にならって、四文字の元号が続きますが、天平という名が上につきます。

長屋王が自害に追いやられた事件は、神亀六年（七二九）二月に起こりましたから、この時点では天平に改元されていません。しかし、年表的に言いますと天平元年二月の出来事です。改元が八月五日で、光明子を皇后にするのが八月一〇日ですから、藤原氏側としては盤石の体制を構築したという思いが、天平という元号に反映しているとみられます。しかし、最高権力者として聖武天皇の胸中は、皇親派への思いを抱くと穏やかではなかったはずです。

私は、天平という時代を聖武天皇の心の揺れ動きから、とらえようと考えています。天平文化といえば華やかなイメージで語られがちですが、それは、仏教文化と正倉院の宝物などに目が奪

藤原武智麻呂が創建したと伝わる榮山寺（五條市）

われるからです。もちろん、仏教文化も正倉院の宝物も聖武天皇に関係します。しかし、それらに潜む聖武天皇の苦悩を見逃すわけにはいけません。
天平と改元された直後は、さほど大きな政治的あるいは社会的な混乱は起きませんでしたが、天平七年（七三五）に、新羅が王城国と国名を改めたことを承諾せず、新羅からの使節を追い返すという外交上の問題が起こり、これ以降、新羅との関係は難しくなっていきます。さらに国内では、天然痘《てんねんとう》（医学では疱瘡《ほうそう》とよぶ）が大流行し多数の死者が出て、天平九年（七三七）にはついに政治の中枢にいた藤原氏の四兄弟も相次いで死去します。その中の一人、藤原武智麻呂《ふじわらのむちまろ》は左大臣の座にありました。
政権は大きな打撃をうけることになりますが、この政治的な乱れを聖武天皇はじっと見つめていたわけではありません。天皇の統治に関わる大きな決断がなされました。それは、阿倍内親王を皇太子の地位につけたことです。女性の皇太子の先例はありません。これまでの推古天皇から元正天皇にいたる女帝が、即位の前に皇太子ではなかったことから見ますと、女性天皇の地位を確立させたものといえます。

また左大臣は空席のままにして、これまで空席であった右大臣に橘諸兄《たちばなのもろえ》が任じられます。

藤原広嗣の乱と東国行幸

右大臣の橘諸兄は、敏達《びたつ》天皇の孫あるいは曽孫とされる栗隈《くりくま》王の孫にあたる美努《みぬ》王の長子で、葛城王と称しました。母の県犬養橘三千代《あがたいぬかいたちばなのみちよ》は和銅元年（七〇八）、元明天皇から橘宿祢《たちばなのすくね》という姓を賜りますが、葛城王は母の橘宿祢姓を継ぐことを許され名を諸兄と改めました。

橘諸兄が建立した井手寺があったとされる場所（京都府井手町）

母の三千代は美努王と離縁して藤原不比等に嫁し、光明子（後の光明皇后）を生みます。橘諸兄が臣籍降下した目的は、母親の巨財を継ぎ、かつ藤原氏とのつながりによって政界に強い基盤をもつことにあったと思われます。阿倍内親王の立太子と諸兄の右大臣就任が天平一〇年一月一三日であったことは、諸兄が政治の新しい潮流を見極めねばならない難局に身をおいたことになりました。

藤原氏の天然痘による動揺は、大宰府を統括していた藤原宇合の長子の藤原広嗣《ふじわらのひろつぐ》の乱を呼び起こしました。天平一二年（七四〇）九月、広嗣は挙兵し、聖武天皇の側近である吉備真備《きびのまきび》と僧玄昉《げんぼう》を排除することを上表しました。吉備真備は霊亀二年（七一六）、遣唐使の一員として唐に渡り一七年間にわたる留学生活を送り、阿倍仲麻呂とともにその名が唐国に知れ渡った有能な人物です。僧玄昉も霊亀三年（七一七）に唐に至り、玄宗皇帝から敬われ聖武天皇の母宮子の病気を平癒させたほどの優れた僧侶でした。

政府は大野東人《おおのあずまひと》を大将軍として、反乱を鎮定させるために九州に派遣し、広嗣を捕らえ刑死させます。広嗣を捕縛《ほばく》したという情報が天皇にもたらされていたようですが、一〇月二六日に大野東人らに次のように勅を下して東国に行幸します。

「朕は思うことがあり、今月の末よりしばらくの間、関東（美濃の不破や伊勢の鈴鹿、近江と越前の境の愛発の関より東の方）に往こうと思う。出かけるに適した時期ではないが、やむをえないことである。将軍の大野東人らは、このことを知ったとしても驚き怪しむことはないようにせよ」

広嗣の乱が完全に鎮圧されたわけではないので、このような状況において、東国に行幸することは不可解であると思われることを天皇は心配しながらも、やむを得ない行幸であると言い残して平城宮を出発します。

この頃から始まる聖武天皇の行動を彷徨《ほうこう》と呼ぶのが、古代史の書物では習わしのようになっているようです。彷徨とは、さまよい歩く、あてもなく歩きまわることですが、聖武天皇ははっきりとした目的を持っていたことは「思うことがあり」「やむをえない」事情があると言っている

智識寺跡に残る塔の心礎（大阪府柏原市提供）

ことから示唆され、決して彷徨ではありません。聖武天皇の決断がなされた瞬間と感じとることができます。

国家統治の新理念を切り開く決意

天平一二年（七四〇）は、聖武天皇の国家統治の理念がこれまでとは異なる方向に舵《かじ》をとった年として記録にとどめねばならないと私は思います。

その年の二月、聖武は河内国智識《ちしき》寺（大阪府柏原市太平寺に遺址がある）の毘盧舎那仏《びるしゃなぶつ》（盧舎那仏）を拝礼、大仏造立を発念しました。寺号の「智識」とは、仏のために結縁した人々の集団をいいます。毘盧舎那仏は華厳経の中心に位置する仏、教主であり、サンスクリット語で「輝きわたるもの」を意味します。平城京の大安寺は、僧審祥《しんじょう》らを中心とする華厳経の修学の場でありました。聖武天皇が智識寺で毘盧舎那仏を拝したその年、審祥は金鐘寺（このあたりに東大寺が建立される）に出向いて華厳経を講説しています。審祥については、新羅の僧とみるむきと新羅に留学した日本の僧という説がありますが、いずれにしても華厳経を新羅からもたらした僧です。

六月に天皇は、次のような勅を下します。「朕は、遠く八方のはてまでの地域に君臨して万民の主としてある。薄氷を踏み朽ちた手綱で馬を馭《ぎょ》しているようで心もとない思いがする。朝から衣を着て夜眠ることも忘れてまで政治をしているが、人が城の濠《ほり》に落ちて苦しみを負っていないかと心痛している。常にどのようにしたら天の命に応えて人々が安寧な日々を楽しむようになれるのか、天命にかなうように国家が、安泰し、栄えをもたらすのかと思う」

この勅をそのまま受け取りますと、聖武天皇はこれまでの政治的手法では如何ともしがたい難局に身をおいている自分を見つめざるをえなくなり、神祇信仰と律令という統治方式に限界を感じていたと察することができます。

九月に九州で藤原広嗣の乱が起こり、それが沈静したことを見計らって一〇月に聖武天皇は東国行幸にでます。行幸の道程が、天武天皇の壬申の乱における進軍のコースに似ているのは天武天皇の顕彰であると指摘した説は、傾聴すべきものです。聖武天皇の胸中には、藤原氏が把握している政治的実権から天皇の手に戻すことと、さらに国家統治の新しい理念を切り開く決意が秘められていました。

東国行幸の途中の一一月一日、乱を起こした藤原広嗣と綱手《つなて》兄弟を斬刑《ざんけい》に処しています。聖武天皇の政治的立場が堅固になりつつあることを象徴的に示すものととらえることができます。

東国行幸の終わりは平城京ではなく、今日の木津川市加茂付近の恭仁宮《くにのみや》でしたが、恭仁宮の造

岡田離宮があった地に鎮座する岡田鴨神社（京都府木津川市加茂町）

作がどの程度実施されていたかはよくわかりません。だが、行幸の出発時にもはや平城宮に還らないと、決意を固めていたと私は想像します。しかしそのことを察知していたのは、天皇と近い関係にあったものだけだろうと思われます。

平城京から離れる方法を模索

　東国行幸から平城京に還ることなく恭仁宮に入ったとしても、事前に何らかの準備がなされていたと思わないわけにはいきません。それは、平城京に遷都する前の和銅元年（七〇八）、元明女帝が岡田離宮に行幸しています。岡田離宮は京都府木津川市加茂町の岡田鴨神社あたりにありました。この行幸は、元明天皇が遷都する平城の土地を視察したのちに、木津川のほとりまで足をのばしたことによります。さらに、後の恭仁宮となる土地付近の相楽郡賀茂と久仁《くに》の里に、戸ごとに稲三〇束を与えたと『続日本紀《しょくにほんぎ》』は書いています。

　いささか憶測的ではあるとしても、元明天皇は平城遷都に消極的で、むしろ木津川に沿った土地に都をつくる意図があったのではないかと思われます。さらに元明・聖武天皇は、何度も木津川市加茂町法花寺野あたりにあったとされている甕原《みかのはら》（瓶原）離宮に行幸しています。考古学の調査では確かな遺構が見つかっていませんが、恭仁宮の近くであったと思われます。

岡田離宮、甕原離宮への行幸を風光明媚な土地に遊んだという解釈もありますが、むしろそのように見せかけながら、いずれ平城京から離れる方法を模索していたように、私は解釈していま す。

そのことに関係づけられるのは、元明天皇に次いで即位した元正天皇と、聖武天皇の吉野行幸です。吉野は天武天皇が大海人皇子時代に、近江朝廷と戦った壬申の乱の旗揚げをし、乱に凱旋した後、一族の結束を皇子たちに誓わせた土地であります。その吉野に行幸しているのも、藤原氏に操られていると実感する平城京から離れ、今一度、天武天皇が目指した天皇主導の統治を取り返すことにあったのです。

聖武天皇の東国行幸と同じような意図を秘めていたのが、養老元年（七一七）九月に元正天皇が美濃国に行幸したことです。近江国から美濃国当耆《たぎ》郡（現在の養老郡養老町付近一帯）に向かい、今日の三重県桑名市と岐阜県海津市にまたがる多度山《たどやま》の美泉を見たというのですが、天武天皇にならって事を起こす時があれば、東国の勢力を結集することにあったとも考えられます。

『続日本紀』天平一二年（七四〇）一二月六日、東国からの帰路にある聖武天皇一行に先立って右大臣橘諸兄が、山背《やましろ》国相楽郡恭仁郷を経略したと『続日本紀』は記しています。この場合に使われた経略の意味がわかりにくいのですが、新しい都づくりを計画的に始めるといったところでしょうか。続いて「遷都を擬するを以ての故なり」とあります。この意味も難しいのですが、平城京は温存しておいて、仮にここに遷都のようなことをすると読み解く説があります。しかし、聖武天皇は平城京を廃都とする決意が固かったとする私の理解では、平城京温存説とは解釈を異にしなければなりません。私は、遷都については天皇の詔によってなされるべきですが、この時はとにかく平城京から新しい都に遷都するという聖武天皇の意思表示を、右大臣が天皇に代わってしたということではないかと解しています。

光明皇后の思い実現させる恭仁京

恭仁京の造営は、聖武天皇が決断した大きな政治的変革として私は理解しています。そのことを直接実証する史料はありませんが、光明皇后に光をあてると、そのことが、見えてくるようです。奈良時代のもっとも大きな出来事として、ドラマ的な様相を呈しています。

年代を少しさかのぼらせます。遣唐使が復活して大宝二年（七〇二）、粟田真人《あわたのまひと》（生年不詳～七一九）は山上憶良《やまのうえのおくら》（六六〇～七三三頃）らとともに海を渡り、景雲元年（七〇四）頃に帰朝しました。

何か虚構の物語のように思われますか。そのような意図はありません。平城遷都を数年後に控えていた時代です。真人らは出発前から情報を得ていたと思われますが、正式には唐という名の国はなく、周という国号にかわっていて、女性の則天武后《そくてんぶこう》（武則天《ぶそくてん》）が皇帝の座にありました。

恭仁宮の想定復元図（木津川市教育委員会提供）

父は地方の豪農でしたがやがて後宮に入り、皇后から皇帝にのぼりつめました。おそらく粟田真人らは、女性皇帝に会った印象を文武天皇に報告したはずです。その時、後に聖武天皇となる首皇子と光明皇后となる光明子（安宿媛《あすかべひめ》）は二人とも、まだ三歳の幼子でした。この二人は一緒に養育されたとしたら、後の天皇と皇后は幼なじみといえますが、それを語る史料はありません。ただ、私は次のような想像をしています。

光明子は成長していくにつれて、則天武后に関心を持ち始めたのではないでしょうか。父は藤原不比等、母は県犬養橘三千代で天皇家の血筋につながりませんが、皇后となりました。その点で、則天武后と似ているのです。もしかしたら自分も女帝になる道が開かれるかもしれないという思いを隠しもっていてもおかしくはないと思います。

則天武后は、長安よりも洛陽の都を好んだといわれています。洛陽は、洛河《らくが》という川が都の中心部あたりを東西に流れています。都が天空のコピーとみなされることから、洛河は天漢《てんかん》つまり天の川に見立てられたと考えられます。恭仁京の場合も京全体が完成すると、東から西に流れる木津川（当時は泉川）が洛陽の洛河と同様に、天の川にあてられるとみてよいでしょう。このような都の平面的なプランは、則天武后を光明皇后に重ねていたとすれば、光明皇后の望むところであったのではないでしょうか。

洛陽の南一四キロあたりにある竜門石窟の奉先寺洞には、華厳経の中心仏、毘盧遮那仏の像が彫られていました。もしかしたら、自分が女性天皇になれるかもしれない。とすれば、則天武后の好んだ洛陽に似た恭仁京の地理的配置は、自分の思いを実現させる夢のような土地として、目に映じたという想像もできます。

そして、都から離れたところに毘盧遮那仏を造立し、礼拝できるという喜びの感情が皇后の胸中を満たしていったと思われます。

行基を評価する「天平十三年記」

恭仁京の造営は進みますが、その時、仏教者の立場で聖武天皇を支えるのが僧行基です。

行基の活動は、律令に僧尼は寺院の外で布教活動をしてはいけないと定められているのを破り、つまり法を犯して町に出て仏の教えを説きます、行基を慕った人が多数集まったと言われています。本来、僧尼令に違反すると僧籍を奪われて俗人にもどるという還俗を命じられました。『続日本紀』養老元年（七一七）条に、平城京の二代目の元正天皇は行基のことを小僧《しょうそう》とさげすみ、

近鉄奈良駅前に立つ行基菩薩像（奈良市）

指弾したと書いています。だが不思議なことに、天皇は還俗に処しませんでした。それは行基の比類のない活動力を圧することによって、朝廷・政府側がおちいる不利な状況を回避するためであったと推測できます。

行基の一生を泉高父《いずみのこうふ》という人物が綴った『行基年譜』という文献があります。ところが、この書が成立したのは行基が没してから約四〇〇年後の安元元年（一一七五）頃で、内容がどこまで信じられるかについては、以前から論議されてきました。『行基年譜』の記事の中で、挿入的に「天平十三年記」という箇所があります。これについては信憑性の高いものとみなされています。天平一三年（七四一）は行基七四歳の時です。そこには、架橋、直道、池、溝、樋、船息《ふなすえ》、堀、布施屋《ふせや》を、行基が天平一三年までに各地に造ったことを記しています。この「天平十三年記」が特別な文書として年譜の中で扱われているのは、聖武天皇が本格的にはじまる恭仁京造営に、行基の仏教に対する考え方と土木工事における組織力、統率力を評価するために提出された文書であったと思われます。

『行基年譜』には、天平一三年に聖武天皇が泉橋院《せんきょういん》に行幸し、行基に摂津の猪名野（兵庫県伊丹市周辺）に社会福祉的な施設を運営するための経済的な基盤となる給孤独田《きっこどくでん》と称する田を与えたとありますから、天皇は行基を全面的に信頼していたことが想像できます。泉橋院は今日も泉橋寺として法灯を継いでいますが、木津川に橋をかけるのに工事に関わる人々を収容し、さらに仏教を説いた布施屋であったとみられます。先にあげた「天平十三年記」に泉大橋の名をあげているので、天平一三年には泉橋院という名の寺院が建立されていたのでしょう。

平城京を棄てるとしても、新しい都を木津川の近くに造るという聖武天皇の決断は、もう一つの大事業と組み合わされていました。それは、華厳経の中心となる仏である毘盧遮那仏の大仏を信楽《しがらき》の地に造ることです。物資の河川輸送の点からみて、何をおいても大仏造立の資材を運ぶには恭仁京の地が便利であることはいうまでもありません。

『続日本紀』天平一三年一〇月一六日条に、賀世山《かせやま》の東の河の橋が優婆塞《うばそく》（在家の仏教信者）らを使役して完成したとありますが、おそらく行基の指揮による工事ではなかったかと思われます。賀世山はその西道より以東を左京、以西を右京とするとされた恭仁京の中心に位置する山として計画的に位置づけられました。

政治理念の変化から大仏造立

天平一五年（七四三）一〇月に聖武天皇は、大仏造立の詔を下します。現代語の抄訳で要点のみを次に示しましょう。

まず冒頭部分には「朕《ちん》は徳が薄いが、天皇の位について国土の果てまで思いやりの恩恵を受けるにいたったが、しかし天下あまねく仏の法恩に浴していない。三宝（仏法僧＝仏教）の霊の力に頼って天地が豊かになり動物、植物に至るまで栄えること望む」とあります。大仏を造るにあたっての宣言ですから、「法恩」にすがりたいというのは当然のことですが、もともと天皇は神祇をまつり国家を治めるのが最も重要な行為でありました。にもかかわらず、仏の祭祀、それも大仏をもって国家統治を祈願するということは、聖武天皇の政治理念が変わりつつあると、私は思わざるをえないのです。

「天平一五年一〇月一五日を以て菩薩《ぼさつ》（さとりを求める者）の大願を発して、金銅にて盧舎那仏一体を造り奉る。国の銅をすべて使って仏の像を鋳造し、山を削って仏堂を構築し、広く仏の教えを宇宙に及ぼし、朕が知識（仏に寄り添う者）となる」と言います。天皇が菩薩で知識であるというのは、聖武天皇のスタンスが大きく変化していると解することができます。これまでの天皇はこのような考えをもつことはありませんでした。

「天下の富をもつものは、朕である。天下の権勢をもつものは朕である。この富と権勢の力をもって尊い仏像を造る。この像を造るにあたってさまざまな障害があろうが、この事業に参画する知

聖武天皇が大仏を造立しようとした甲賀寺推定地（滋賀県甲賀市教育委員会提供）

識たちは至誠をつくして、福を招くようにしたい。毎日盧舎那仏を三度拝し、念をこめて盧舎那仏を造らねばならない。もし、さらにくわえて一人が一つの草、一握りの土をもって仏像を造るのを願うものがあれば、自由にこの行為を許せ」と、どのような者でも造仏に加わることを誘いました。

盧舎那仏の造立は信楽でなされるのですが、『続日本紀』によりますと、恭仁京では天平一五年一二月二四日条には「始めて平城の器杖《きじょう》を運びて恭仁宮に収め置く」とあります。平城宮で使われていた用具類が恭仁宮に運ばれたということですから、本格的な平城京棄都《きと》つまりは、恭仁京遷都がなされつつあったと思われます。

万葉歌に、平城京の荒れつつあった状態を詠んだ歌が何首かありますが、そのうちの一首に次のように歌われています。

世間《よのなか》を　常なきものと　今ぞ知る　平城《なら》の京師《みやこ》の移ろふ見れば（巻六―一〇四五）

この歌から、平城京は、恭仁京遷都によって日ごとに壊されつつあったと想像されます。また先年の発掘調査で、本来平城京が南北一〇条であったと報告されました。その後の検証で、一〇条の部分が埋められて九条になったのは恭仁京遷都と関連するという見解も発表されました。これらのことから、恭仁京遷都は大事件であったと思われます。

恭仁京完成も難波宮を皇都に

恭仁京の造営は着手され、ほぼ完成していたことは、発掘調査でも確かめられています。空中写真を判読しますと京の大路の痕跡も、はっきりと読み取ることができます。『続日本紀』天平一五年（七四三）一二月二六日条には、平城宮の大極殿や歩廊を壊して四年かけて恭仁京に遷し、工事はようやく終わったが、工事に要した費用は多額であり、さらに紫香楽《しがらき》宮を造らねばならないので恭仁京の造営は中止することになりました。しかし、ほぼ恭仁京は完成していたようです。そこで聖武天皇は天平一六年正月に、百官と市人に恭仁京と難波京のいずれを都とするか意向をうかがいました。ここで平城京が選択肢にあがっていないのは、いまさら平城京に戻ることができないという聖武天皇の意思だと思われますし、平城京の大極殿は恭仁京に移されていますから、平城京には居場所がないというのが現実です。

難波京は、神亀三年（七二六）に聖武天皇が藤原宇合を任命して造らせた、いわゆる後期難波宮とそれにともなう京が平城京の副都としてありました。官人と市人の意向を聞きましたが結局、天平一六年（七四四）二月、難波宮を皇都とすることになり、恭仁京の高御座《たかみくら》並びに大楯《おおたて》も難波宮に運ばれました。聖武天皇も恭仁宮からすでに難波宮に行幸しました。ところがいよいよ翌々日、難波宮を正式の皇都とするにもかかわらず、聖武天皇は紫香楽宮に行幸という挙にでました。

恭仁宮の大極殿跡（京都府木津川市加茂町）

難波宮には元正太上天皇と左大臣橘諸兄が残留し、天皇不在のまま左大臣は勅にのっとって「いま難波宮を以て定めて皇都となす」と、きわめて異例の宣言をすることになりました。

一方、大仏造立は、天平一六年一一月一三日に、甲賀寺（信楽町内裏野地区）に初めて盧遮那仏像の体骨柱が建てられ、天皇が臨みてみずからその縄を引きました。翌日元正太上天皇も紫香楽宮に行幸し、天平一七年（七四五）正月には、宮室（信楽町宮町地区）の本格的な建設も始まりましたが、紫香楽宮に対する放火によると思われる妨害事件が続きました。

ついに諸司・官人などが平城京を再び都としたいという要請によって、聖武天皇は天平一七年に太政官と四大寺（大安寺・薬師寺・元興寺・興福寺）の意向を受けて平城京に還ることになりました。平城還都《かんと》とよばれます。改めて大仏は、大養徳《やまと》国の金光明寺《こんこうみょうじ》（金鐘寺《きんしゅうじ》）の土地に造立されることになりました。今の東大寺の地であります。

天平一九年（七四七）九月から大仏の鋳造が始まりますが、その年の三月、光明皇后は天皇の病気平癒を祈願するために新薬師寺を建立します。東大寺の大仏造立が本格的に始まった頃、聖武天皇は病床にあったのです。そのような状況にあれば大仏造立をはじめ政務は光明皇后の指揮のもとにあったと思われます。

新薬師寺は近年の発掘調査で、創建時は興福寺と同じぐらいの広い境内に七堂伽藍があったことが明らかになりました。

仏教のもとで行う国家統治

聖武天皇の足跡を概観してきました。この時代は日本史の流れの中で、一つの画期であることはいうまでもありません。そして聖武天皇は大きな試練に挑戦した天皇として、私は位置づけています。

これまで述べてきました中でも、恭仁京遷都と紫香楽宮造営は、日本の政治史の中で見落とすことはできません。この出来事を詳細に史料などで追跡して整理することは、基礎的な課題ではありますが、聖武天皇の政治観に迫る試みがないと年表的叙述になります。

私が注目しているのは、紫香楽宮と甲賀寺とが、さほど地理的に距離をおくことなく建てることを意図されたことです。このような立地を、私は「宮と寺とが寄り添う配置」とよびます。宮

「大仏さま」として親しまれている東大寺の「盧舎那仏」

と寺が近接してある前例としては、聖徳太子の斑鳩宮と斑鳩寺を取り上げることができます。推古朝の次の舒明朝には、初めての天皇発願の百済大寺がつくられ、同時に百済大宮が造営されます。「宮と寺とが寄り添う配置」とみなしてよいでしょう。舒明天皇の仏教への傾倒については詳しい史料がありませんが、天皇の発願による百済大寺の建立が示唆的であります。そして聖武天皇の紫香楽宮と甲賀寺へと続きます。

「宮と寺とが寄り添う配置」から、何か読み取れないでしょうか。私は、聖徳太子が斑鳩に宮と寺を並んで造ったことの意味は、十七条憲法の第二条にいう「篤《あつ》く三宝《さんぼう》を敬へ」という言葉にこめられていると考えています。第三条に天皇の詔を謹むべきとしていることから、太子の国家統治の理念は仏教を最も上位におき、そのもとで天皇が政治を執行するというものなのです。念のために説明しますと、「鎮護国家《ちんごこっか》」は政府が仏教を国家統治の道具として利用するものです。太子の思想は鎮護国家ではなく、仏教世界に包まれて国家が存在するというものです。

このような仏教を至上とする国家論は、聖徳太子、舒明天皇、聖武天皇へとつながっていったと私は見ています。もう少し端的に言えば、聖武天皇は聖徳太子の政治思想をとりいれようとしたのであると解釈します。そのことに疑念をいだくならば、大仏造立の詔を再読してみるのがよいと思います。そこには「天下あまねく仏の法恩に浴していない。三宝の霊の力に頼って天地が豊かになり動物、植物に至るまで栄えること望む」とあります。つまり、国家統治を仏教によってではなく、仏教の下《もと》でするというのです。

天平感宝元年(七四九)四月、陸奥国から大仏の鍍金《めっき》に必要な黄金が献上されるという僥倖《ぎょうこう》にめぐまれ、聖武天皇は新しい大仏造立の地になった東大寺に行幸し、完成間近の大仏の前にて北面して祈ります。そのとき、天皇みずから「三宝の奴《やっこ》」であると言います。

「三宝の奴」とは、仏・法・僧の三宝に供養するため身を捨てて仕えるためにその奴隷となることを言います。中国の南朝、梁《りょう》の武帝に前例があります。天皇は南面して座すのが原則です。その天皇が北面して仏教の奴となるということは、律令による古代天皇制の大きな変革といわざるをえません。ここに天皇の一連の行動の真意をくみ取ることができます。やがて、天皇は阿倍内親王に譲位します。

孝謙天皇

皇太子の地位から即位した女帝

天平勝宝元年（七四九）七月、聖武天皇は娘の阿倍内親王（皇太子）に譲位します。これまでの女帝と異なるのは、皇太子という地位から即位したことです。その年の一〇月に天皇は河内国智識寺（大阪府柏原市）に行幸しました。この寺は、父聖武天皇が毘盧遮那仏《びるしゃなぶつ》の大仏を紫香楽宮の甲賀寺に造立する契機の一つとなったところで、その地に娘の孝謙女帝が参詣するのは、父の国家観の原点を確かめるためであったと思われます。このことは十分に注意すべきだと思いますが、東大寺の大仏ではなく甲賀寺の大仏に託そうとした聖武天皇の思いを、周辺の風景に見出そうとしたのでしょう。

一週間足らずの河内行幸のあと、平城宮ではなく大郡宮《おおごおりのみや》に還ります。大郡宮は、今日の大和郡山市あたりではないかと推定されています。平城宮にもどらなかったのは、平城宮が聖武天皇の恭仁京遷都などで荒廃しつつあったため修復作業が行われていたことと、大仏造立のためではなかったかと思われます。あるいは南薬園《みなみやくえん》の新宮で大嘗祭《だいじょうさい》（天皇即位後の収穫を祝う新嘗祭《にいなめさい》）をしています。薬園宮は大和郡山市材木町の薬園八幡宮《やくおんはちまんぐう》のあたりとする説があります。

天平勝宝元年八月に紫微中台《しびちゅうだい》という官職が創設されます。娘の孝謙天皇の即位の後、すぐにつくられた令外《りょうげ》の官（律令の令に既定のない官職）です。光明皇后時代の皇后職という官職を皇太

薬園八幡神社。このあたりに「南薬園新宮」があったとの説がある（大和郡山市）

后職として、その機能を拡大したものです。形式的には中務省《なかつかさしょう》（朝廷に関する事務をとり扱う役所）と同等かあるいは上位とされ、太政官《だいじょうかん》（司法・行政・立法を司る最高国家機関）につぐ地位に位置づけられました。しかし実態としては、光明皇太后からの命令を役所に伝える機能をもちました。長官（紫微令）に皇太后の甥《おい》にあたる藤原仲麻呂を任じたことにより、天皇と並びたつような権力を掌握していきました。見方によれば、母親の光明皇太后が天皇であるわが娘の地位を揺るがす存在でもありました。

天平勝宝四年（七五二）四月九日に大仏開眼の供養が盛大に行われました。釈迦誕生は四月八日であるのに翌日の九日に開眼会がなされたのは、天候が雨であったのかそれとも何らかの事情があったと推測されます。勧進僧（大仏造立のためにその功徳を人々に説き協力をもとめる役割をする僧侶）であった行基はすでに亡くなり、開眼会の導師はインド僧菩提僊那《ぼだいせんな》によってなされました。天皇・太上天皇・皇太后も臨席しました。『続日本紀』の開眼会の記述によりますと一万人の僧が参列し音楽が響きわたり、仏教が東伝して以来こんなに盛大な斎会《さいえ》がなかったといいます。

この開眼供養が終わったあと、夕刻にやや不思議なことがありました。それは孝謙天皇が藤原仲麻呂の邸宅である田村第《たむらだい》（奈良市三笠中学校あたり）に還り、そこを御在所としたことです。政治的に乱調が起こる予兆でしょうか。

橘奈良麻呂の反乱計画が発覚

天平勝宝六年（七五四）正月、鑑真が来日します。四月、東大寺に戒壇を立てて太上天皇（聖武天皇）、孝謙天皇、皇太后（光明皇后）らに戒を授けます。翌年に東大寺に戒壇院が建立されます。さらにその翌年天平勝宝八年（七五六）、聖武太上天皇が死去します。太上天皇の遺詔により天武天皇の孫で新田部《にいたべ》親王の子、道祖《ふなど》王が天平勝宝八年に立太子しました。

天平勝宝八年六月二一日、聖武太上天皇の七七忌にあたることにより、光明皇太后は天皇遺愛の品々を東大寺の毘盧遮那仏（大仏）に奉献しますが、後に奉られたものも含めてそれらが正倉院に収納されます。これらの品々は平城宮の朱雀門から二条大路を東に向かい、東大寺の西大門から境内に運ばれました。

今日も二条大路の痕跡はとりわけ外京域に残っていて、奈良県立大学の近く、奈良女子大学の

東大寺西大門跡に立つ石碑（奈良市）

南門前、ＮＨＫ奈良放送局の前を通り、国道を横切り、東大寺の西大門にあたります。ただ西大門は今はなく「東大寺西大門跡」と刻まれた石碑がたてられています。二条大路はこのように重要な大路であるので、きちんとした表示をし復元するに値する歴史遺産かつ観光資源であると認識される工夫が必要だと思います。

天平勝宝九年（七五七）三月、先に述べました皇太子道祖王が聖武太上天皇の諒闇《りょうあん》（天皇が父母の喪に服すこと）中に不謹慎であるとして廃されます。いわゆる廃皇太子です。その理由にいささか疑問をもちます。それは孝謙天皇が、藤原仲麻呂邸（田村第）を宮としていたことに関わると推測します。

孝謙天皇は翌四月立太子会議を召集し、諸王のうち長壮ではないが過悪を聞かずとして、太炊《おおい》王の立太子を決めます。藤原仲麻呂は大炊王を自分の邸宅におき、子であったが亡くなった真従《まより》の婦であった粟田諸姉《あわたのもろあね》を娶らせます。そして子の薩雄《さちお》らを遣わして宮中に迎え、立太子をさせます。孝謙天皇と藤原仲麻呂の関係が親密であった時代の政略と、考えてしまいます。

その年の七月 橘奈良麻呂《たちばなのならまろ》の反乱計画が発覚します。橘奈良麻呂は天然痘で藤原氏が打撃を受けた時、聖武天皇の右大臣となり平城京を脱して恭仁京遷都を企てた橘諸兄《たちばなのもろえ》の長男です。藤原仲麻呂との間に確執があり、仲麻呂が要職を歴任することに対するあせりを隠し切れませんでした。仲麻呂打倒を決意しますが謀議が仲麻呂に密告され、決起予定の七月二日に反乱派は逮捕されます。死刑ないし流罪となり、その一味に道祖王も含まれていました。奈良麻呂については『続日本紀』に記されていないのですが、殺害されたと思われます。

天平宝字元年（七五七）一一月内裏で皇太子の大炊王は次のように詠みました。

天地を照らす日月の極みなくあるべきものを何をか思はむ（『万葉集』二〇—四四八六）

永遠に日月が照らすように、皇位もまたそうであると。待ち構えている悲劇には、気づいていません。

淳仁天皇

「保良宮」行幸を契機に崩れた蜜月

天平宝字二年（七五八）八月、孝謙女帝は大炊《おおい》王に譲位します。淳仁天皇の即位となります。おそらく孝謙女帝と藤原仲麻呂による画策でしょう。仲麻呂は太保《たいほ》（右大臣の唐風官名）となり恵美押勝《えみのおしかつ》という名を賜ります。恵美とは広く恵みを及ぼす美徳、押勝は強敵に強力な圧力で勝ち、兵乱を鎮圧するという意味です。

藤原仲麻呂の外交政策として特記できることは、新羅に対する強力な防備と攻撃態勢をしいたことです。天平宝字三年（七五九）、使いを香椎廟《かしいびょう》（今日の福岡市香椎宮）に遣わして新羅征討を告げさせ、征討のための五〇〇艘の造船を命じたり、新羅からの使節を帰国させたりしました。

この頃、孝謙上皇と淳仁天皇・藤原仲麻呂の関係は親密でしたが、やがてその間柄が崩れていきます。それは天平宝字五年（七六一）一〇月の近江国の保良宮への行幸がきっかけとなります。行幸の目的は平城京の改作のため、一時的に保良宮に滞在することにありました。ところが、淳仁天皇が保良宮あたりに北京《ほくきょう》をつくりたいという考えをもちます。これは、唐の玄宗皇帝の時に太原を北都としたことにならうものだと思われますが、保良宮のあたりを北京とするには至りませんでした。

保良宮は大津市国分の洞《ほら》神社近くとされていて、国分団地内には宮殿の礎石と伝える通称へ

保良宮の宮殿の礎石と伝えられる大津市の「へそ石」

そ石が残っています。保良宮行幸に随行した看護僧道鏡《どうきょう》と孝謙上皇との関係が取りざたされます。孝謙上皇の病気を道鏡が看病したことによって、『続日本紀』には、孝謙上皇から道鏡が「寵幸《ちょうこう》（特別に可愛がられること）」をうけたと記しています。このことによって淳仁天皇は孝謙上皇に対して批判的な態度をとり、両者の間に隙間が生じました。この問題についてさらに深くは、孝謙上皇と道鏡との関係を仲麻呂が「これを患《うれ》ひて懐《こころ》自ら安からず」と思ったと『続日本紀』の略伝に記しています。政治に男女の情愛が影を投げかけている一面を知ることができます。

保良宮から平城宮に還って天平宝字六年（七六二）五月二三日に、淳仁天皇は中宮院に、孝謙上皇は出家して法華寺を住まいとします。孝謙上皇は朝堂に五位以上の官人を招集して、常の祀《まつり》の小事《いさけきのこと》は天皇が、国家の大事、賞罰は上皇が行うと詔をしました。上皇が大政の執行権を掌握したこと、つまり天皇の位に復するという宣言です。孝謙上皇が強権を発揮できた理由の一つとして、天平宝字四年（七六〇）に、藤原仲麻呂の後押しをしていた光明皇太后が死去したことをあげることができます。そのことで、道鏡の影響力が仲麻呂をしのぎ始めました。仲麻呂は軍事的な立場を堅持して地位の保持に努めましたが、天平宝字八年（七六四）、道鏡を排斥するための反乱を起こしました。上皇は淳仁天皇のもとにあった天皇位の象徴である鈴印（駅鈴と天皇の公印である御璽《ぎょじ》）を収め、押勝の官位、全処遇を剥奪し、仲麻呂は琵琶湖の北西湖岸で敗死しました。孝謙上皇は淳仁天皇を廃して親王の位に戻し、淡路に配流しました。

称徳天皇

国家統治に聖徳太子の理念継承

孝謙上皇が淳仁天皇を廃した理由を、父聖武天皇が阿倍内親王（孝謙天皇）に譲位した時の言葉から明白に知ることができます。聖武天皇は次のように言いました。「天下をあなたに授けることは、王《おうきみ》を奴《やっこ》としても奴を王と言おうとも、あなたのやりたいようにやればよい。たとえあなたの後に帝として立った人でも、後にあなたに礼もなく従わないならば、帝の位につけておくべきではない。君臣の道理によって正しくきよらかな心で、助け仕える帝であるならよい」と。聖武天皇は、孝謙女帝が後継天皇を立てる時の心構えを伝えました。だからこそ、聖武天皇の遺詔であった道祖王《ふなど》を皇太子から廃し、淳仁天皇をもその地位から退けねばならない局面で、決断ができたと思われます。しかし孝謙上皇の胸中には、皇太子として天皇の位を継承する人物を決めておくことによって、現実的には国家統治において無駄なエネルギーを費やさねばならないことを淳仁天皇の例によって痛いほど知りました。

天平宝字八年（七六四）九月、孝謙上皇は重祚《ちょうそ》する前、藤原仲麻呂の乱の平定を祈願して金銅四天王像の造立を発願しました。孝謙上皇は同年一〇月に重祚（称徳天皇）しました。称徳天皇はすでに僧籍にありながらの即位です。翌天平神護元年（七六五）、四天王像が造立され西大寺が創建されました。父聖武天皇が東大寺を、娘の称徳天皇が西大寺を建立している点に、父か

飽浪宮推定地とされる上宮遺跡公園（斑鳩町）

ら娘へと国家を治めるにあたっての思想が継承されていると、理解することができます。それは西大寺の伽藍からも読み取ることができるように思います。弥勒金堂と鴟尾《しび》の上に金色の鳳凰《ほうおう》を立て壮麗な薬師金堂が南北に配置され、東塔はもともと八角形七重塔が建立されることになっていましたが、四角形五重塔に変更されました。称徳天皇と道鏡による仏教重視の政治が展開されようとする強い意欲を読み取ることができます。

私は聖武天皇の国家統治の理念に聖徳太子の影響があると先に述べましたが、称徳天皇にも受け継がれていると指摘することができます。その理由は、神護景雲元年（七六七）四月二六日に飽浪宮《あくなみのみや》に行幸し法隆寺の奴婢二七人に身分相当の位を賜わり、神護景雲三年（七六九）一〇月一五日にも河内行幸の際に立ち寄っていることです。

飽浪宮については天平一九年の「大安寺資財帳」に、推古天皇は田村皇子（のちの舒明天皇）を「飽浪葦墻宮《あくなみのあしがきのみや》」へ遣わして厩戸王（聖徳太子）の病を見舞ったと記していますが、『日本書紀』推古天皇二九年二月に、太子は「斑鳩宮」で没したとあることから、飽浪宮は斑鳩宮の一角をしめていたという解釈もできます。飽浪宮の所在地については、生駒郡安堵町の飽浪神社あるいは斑鳩町の奈良時代の遺構が検出された上宮《かみや》遺跡公園に求める説があります。

いま一つ、聖徳太子の生前に「法王」という称号が与えられたかはなお検討の余地がありますが、没後に「法王」と称されたことから、道鏡が天平神護二年（七六六）法王の地位についたこととの関連性は注意してよいと私は思います。

宇佐八幡の「神託」に心揺るがす

道鏡が朝廷と関わりをもっていった経緯をたどってみましょう。天平宝字八年（七六四）藤原仲麻呂の乱の後、道鏡は大臣禅師に任ぜられます。翌年淳仁天皇を廃し、孝謙上皇は重祚して天皇位（称徳天皇）につきます。天平神護元年（七六五）一〇月に紀伊から和泉へと行幸し、河内の弓削行宮《ゆげのかりみや》に至ります。後に由義宮《ゆげのみや》がここに造られたと推定できます。正確な場所は比定されていませんが、八尾市八尾木北にある由義神社の境内に「由義宮旧址」の石碑が建てられています。

続いて弓削寺に行幸します。この寺の位置も出土遺物から八尾市弓削付近と考えられますが、正確な位置は定かではありません。行幸の途中、閏一〇月に道鏡は太政大臣禅師に任じられます。

天平神護二年一〇月二〇日に隅寺《すみでら》（現在の海竜王寺《かいりゅうおうじ》）の毘沙門像《びしゃもんぞう》から舎利が現われ、それを

「由義宮旧址」の石碑が建つ由義神社（大阪府八尾市）

法華寺に奉ります。天皇は太政大臣禅師の教え導きによってこのような奇瑞に恵まれたとして法王の位を授けます。政治の物語はいつの時代でも、権力によって語られるものなのです。実はこの物語も、道鏡の弟子基真《きしん》の策略であったことが判明し、飛騨国に流されます。そのことによって『続日本紀』にも道鏡を非難する記事がありますが、その地位を追われることはありませんでした。

　神護景雲三年（七六九）の正月元日に天皇は大極殿にて、文武百官、蝦夷らから新年の挨拶をうけますが、道鏡は西宮の前殿において大臣以下の者から拝賀を受けました。このことからも道鏡の地位が、いかに高いかがわかります。道鏡の野望は皇位につくことでした。そこで太宰府の主神《かんづかさ》（祭祀をつかさどる職）の習宜阿曾麻呂《すげのあさまろ》は道鏡に媚びへつらい、宇佐八幡宮の神の託宣であると偽って「道鏡を皇位につかせると天下は太平になる」と言って道鏡を喜ばせます。ところが天皇は、女官和《わ》気広虫《けのひろむし》の代行として弟の和気清麻呂《わけのきよまろ》を宇佐八幡宮の神に遣わせて神託をうかがわせたところ、「皇位は皇統の人を立てよ。無道の人は、早く払い除けよ」ということでした。そのことを称徳天皇がどのようにうけとったのでしょうか。道鏡は怒り、清麻呂を大隅国に広虫を備後国に配流しました。神託に心を揺るがす称徳天皇と道鏡に、避けがたい人間の欲望と迷いが伝わります。神託事件についてはいろいろな想像が可能ですが、むしろ二つの正反対の神託に称徳天皇が接することが、皇位のあり方をそして道鏡との関わり方を熟慮する機会を与えたと思われます。

神託で乱された心が鎮まり、称徳天皇は金泥で「恕」という文字を書いた帯を臣下に下賜します。孔子の『論語』を念頭においていたと思われます。人生で一番大切なことは「其れ恕《じょ》か。己の欲せざる所、人に施すこと勿《な》かれ」。国家統治の根源的立場を示したとみてよいでしょう。

その後、河内の由義宮に二度行幸します。それは法王道鏡の仏都を造ることで、いかにも聖徳太子の斑鳩への遷居に類似しているといわざるをえません。

光仁天皇

皇統、天武系から天智系に変わる

称徳天皇は藤原仲麻呂の乱の後、世の中を鎮めるために木製の三重の小塔を百万基つくり、諸寺に納めます。宝亀元年（七七〇）四月二六日にその事業は完了し、八月四日に死去します。道鏡は左遷されて下野《しもつけ》の薬師寺別当となります。称徳天皇は後継天皇を指名しないまま亡くなったので、左大臣の藤原永手《ふじわらのながて》、右大臣の吉備真備《きびのまきび》ら諸臣が禁中で策をねり、天智天皇の第七子である施基《しき》（志貴）皇子の子である白壁王《しらかべ》を諸王中年齢が長じているという理由で皇太子としたと『続日本紀』は記しますが、実情は藤原永手、藤原百川《ふじわらのももかわ》らの策略によったといわれています。そのため、天武天皇の孫、文室浄三《ふんやのきよみ》らを推した吉備真備は職を辞しました。

皇太子となった白壁王は、天平勝宝年間からこのかた皇位を継ぐ人がなく、人々は疑惑に包まれ罪を受けたり廃された者が多かったので、災難にあうことを用心して酒をほしいままに飲んで姿をくらましたりして害をこうむることを免れました。

宝亀元年一〇月一日、白壁王（光仁天皇）が即位しました。即位とともに肥後国から献上された白い亀を祥瑞《しょうずい》として神護景雲四年を宝亀元年と改元しました。

皇后には聖武天皇の皇女、井上《いがみ》内親王を立てました。母は県犬養広刀自《あがたのいぬかいひろとじ》で、藤原氏とのつながりがありません。他戸《おさべ》親王の誕生によって、光仁天皇の継承をめぐって深刻な対立が起こり

延暦５年に改葬された光仁天皇田原東陵（奈良市）

ます。

井上皇后は光仁天皇の同母姉、難波《なにわ》内親王を呪い殺し、わが子他戸親王の早期即位を願い光仁天皇を呪詛《じゅそ》しました。藤原百川らの意向によって皇后と皇太子を廃することになり、宝亀四年一〇月、井上皇后と皇太子は大和国宇智郡の官に没収した邸宅に幽閉されました。二人が同じ日に死んだので、百川らによる毒殺ではないかとも言われています。宝亀九年（七七八）に五條市御山《みやま》に改葬され、延暦一九年（八〇〇）皇后に復し、さらに皇太后と称され、吉野皇太后ともよばれました。

他戸親王はなくなりましたから山部親王を皇太子とします。父は光仁天皇ですが、母は渡来系の和乙継《やまとおとつぐ》の娘で、光仁天皇の妃にあたる高野新笠《たかののにいがさ》です。平城遷都一三〇〇年記念祭での天皇のお言葉にそのことが語られたことは、記憶にあたらしいところです。

光仁天皇の崩御の後は、広岡山陵に葬られたと『続日本紀』にあります。京都府と奈良県の境あたりの奈良市広岡町付近に想定されていますが、延暦五年（七八六）に父の施基皇子の田原西陵の近くの田原東陵（奈良市日笠町）に改葬されます。

すさまじい権力争いを垣間見る思いがしますが、光仁天皇の即位の歴史的意味は、天武天皇の血統によってつながれていた皇統が天智天皇系に変わったことにあります。

桓武天皇

延暦三年一一月一一日、長岡京遷都

いよいよ平城京の時代が終わりに近づいてきました。光仁天皇の病気が重くなり、天皇としての政務を続けることが難しくなりました。天応元年（七八一）四月三日、山部親王に譲位します。皇弟早良親王を皇太子につけて、桓武天皇の時代が始まります。「桓武」という名はいうまでもなく諡《おくりな》ですから、天皇崩御の後に授けられる名ではありますが、「武」という文字を諡にもつ男性天皇は、時代の画期を象徴する人物としてみなされていたのではないかと最近、私は気づきました。神武・天武・文武・聖武そして桓武です。

『続日本紀』延暦元年(七八二)四月一日、桓武天皇は詔で語ります。まず、「公民が疲れている」と。孝謙・淳仁・称徳天皇にいたる不安定な政情と宮殿の造営工事のことを言っているのでしょう。「宮殿などの建築工事をやめて、農業につとめ、政治は倹約にしたがい、財物が倉に満ちるようにしたい」と。まさに緊縮財政を進めようとする政治の指針を宣言しました。ところがそのことと矛盾するように、延暦三年（七八四）五月に遷都のため、藤原小黒麻呂《おぐろまろ》、藤原種継《たねつぐ》らに山背国乙訓《おとくに》郡長岡村（京都府長岡京市）を視察させています。遷都という事業は、新しい大都市をつくることですから、莫大《ばくだい》な費用がかかります。

「君子は豹変《ひょうへん》する」という故事があります。その意味するところは、君子は先に言ったことをすぐに改めるほどの力をもっているとすれば、たしかにこの故事にかなうようですが、やはり遷都しなければならない事情があったと思われます。

延暦三年一一月一一日、天皇は長岡京に移りました。これで正式の遷都となりますが、いろいろな事情で皇室の皆が一斉に長岡宮に居を移したのではありません。皇后の藤原乙牟漏《おとむろ》は　母

長岡京への遷都から1200年あまりを経た平城宮跡。朱雀門などが復元されている（奈良市）

が亡くなったので天皇に従うことができず、天皇の母である高野新笠《たかののにいがさ》も平城京に留まり、一一月二四日になって、母新笠と皇后が長岡宮に到着しました。延暦四年（七八五）正月一日、天皇が大極殿に出御して朝賀を受けます。

なぜ、長岡京に遷都したのでしょうか。『続日本紀』延暦六年（七八七）一〇月条には、「朕、水陸の便なるを以て、都をこの地に遷す」とあります。水陸交通に都合がよい場所だからと桓武天皇は言いますが、喜田貞吉《きださだきち》という歴史学者は「長岡遷都は歴史上、最も解すべからざる現象の一つである」とかつて語りました。遷都の理由は交通の便もその一つであったとも言えますが、長岡京の南、枚方市あたりに百済王氏らの集団が拠点をもっていたことと、桓武天皇の母高野新笠が百済からの渡来氏族を父にもつことも無視できないと思います。さらに、平城京の仏教寺院の勢力と距離をおくことも都を大和の外におく理由であったと考えられます。

あとがき

本書は、平成二四年（二〇一二）九月から、二七年九月まで、産経新聞奈良版に一〇〇回にわたって連載した「古代天皇誌」を一部修正したものである。神武天皇から始めて、桓武天皇で終わっているのは、『古事記』『日本書紀』『続日本紀』の記事にしたがって、例外もあるとしても、大和の国に宮をおいた天皇について叙述したからである。

私自身、大和に棲み、その土地の古代に心をよせる機会が少なからずあり、それが私に大和を考えさせる習い性となったのかもしれない。

この国の古代において、大和はどのような土地とみなされていたのだろうか。少なくとも思いつくことは、記紀によって神武天皇を初代とすれば、桓武天皇まで五〇代の天皇がこの大和と強いつながりをもったことである。連載中、この事が私の頭から去ることはなかった。もし、邪馬台国大和説に立てば、おおよそ六〇〇年近く、日本列島の一部であったとしても、大和は国の中枢的位置を占めたことになる。

通説によれば、古代王権は大和で生まれたという。しかし、王権を支える経済的基盤が水田耕作によるコメとすれば、雨の少ない大和の盆地で、灌漑の方法が未発達な古代において、王権の誕生は想像しがたい。日照りの夏に水田に水が一滴もなく、耕地がひびわれる現象を私は、幼少のころの思い出として今も鮮明な記憶として残る。このような干害の危機が襲う土地に王権が成立するとすれば、経済的な視点からは、考えにくい。

古代の王権が大和で強い統治力を行使できたとすれば、その理由を大和という土地に探さねばならない。私は『古事記』にヤマトタケルが、『日本書紀』では景行天皇が歌ったとする「倭《やまと》は　国のまほらま（まほろば）　畳《たたな》づく　青垣　山籠《やまとごも》れる　倭《やまと》し麗《うるは》し」の歌に見出されると思う。

近年、「まほろば」という言葉は、とりわけ奈良県の各地の施設の、あるいは集いの会の名に、しばしば使われる。

「まほろば」の原型は「まほら」である。「ま」は、接頭語で美称。「ほ」は、傑出した、すぐれたもの、あるいは土地をいう。「ら」は、「あちら」「こちら」の「ら」で、場所・方向を漠然と示す接尾語。つまり、「すぐれたところ」という意味である。この「まほら」に状態を表す接尾語「ま」がついて「まほらま」となり。さらに転じて「まほろば」となる。意味は「まほら」と変わらない。

「すぐれたところ」とは、何がすぐれているのだろうか。不思議にも、これまで、深く問われることもなかった。「畳づく　青垣　山籠れる　倭し麗し」と歌われるが、「重なりあっている青垣の山。その中にこもっている大和はうつくしい」と訳されるのが通常で、「麗し」は、「美しい」と解されてきた。しかし、大和の風景美をたたえる歌であろうか。『日本書紀』の神代上に、イザナギとイザナミによって生まれた日の神（アマテラス）を「光華明彩《ひかりうるは》しく」とあり、月の神（ツクヨミ）にも、光がうるわしいと述べている。これらの用例から導かれると「うるはし」は、神々しい心象風景を思いおこさせる。とすれば、まほろばの倭《やまと》は神の坐す荘厳な土地という意味と解してよいのではないか。

このようにみれば、天皇の宮は大和に営まれねばならない必然性のようなものがあった。それに順応した時代がヤマトの世紀であり、桓武天皇をもって、都は山城国に遷る。本書がヤマトという土地の時代を描いた一つの理由は、神の荘厳の漂う「麗しい」土地の古代天皇誌とでもいうべきで、また問題提起でもある。

とはいえ、限られた紙幅で。多くのことを述べるのはできなかった。読者のみなさんは、ページの余白に、気づいたことや発掘調査のことなど、書き込んで、ご自身の古代天皇誌として本書を育てていただければ幸いである。

本書なるに至ったのは、産経新聞奈良支局長田中伸治氏、東方出版今東成人氏、北川幸氏のお力添えによる。記して深謝したい。

二〇一六年一月

千田　稔

千田 稔（せんだ・みのる）

奈良県に生まれる。

京都大学大学院文学研究科博士課程を経て追手門学院大学文学部専任講師、同助教授。奈良女子大学文学部助教授、教授を歴任。

1995年4月、国際日本文化研究センター教授（2008年定年退任）。

現在、国際日本文化研究センター名誉教授、総合研究大学院大学名誉教授、奈良県立図書情報館館長（2008年〜）。

濱田青陵賞、日本地理学会優秀賞、奈良新聞文化賞を受賞。

奈良県記紀万葉プロジェクト顧問、旅の文化研究所評議員。

博士（文学・京都大学）

主な著書に『地名の巨人　吉田東伍――大日本地名辞書の誕生』（角川書店）、『古代の風景へ』（東方出版）、『平城京遷都』（中央公論新社）、『別冊太陽　平城京』（監修、平凡社）、『邪馬台国』（監修、青春出版社）、『古代日本の王権空間』(吉川弘文館)、『飛鳥の覇者』（文英堂）、『こまやかな文明・日本』（NTT出版）、『別冊太陽　古事記』（監修）、『京都まちかど遺産めぐり』（ナカニシヤ出版）、『古事記の宇宙《コスモス》』（中央公論新社）、『まほろばの国からⅠ』（豊住書店）、『古事記の奈良大和路』(東方出版)など。

古代天皇誌

2016年3月1日　初版第1刷発行

著　者――千田 稔
発行者――稲川博久
発行所――東方出版（株）
〒543-0062 大阪市天王寺区逢阪2-3-2
Tel. 06-6779-9571　Fax. 06-6779-9573
装　幀――森本良成
印刷所――シナノ印刷（株）

乱丁・落丁はおとりかえいたします。
ISBN978-4-86249-261-6

古事記の奈良大和路　千田稔　2000円

古代の風景へ　千田稔　2000円

仏像の秘密を読む　山崎隆之　1800円

四天王寺聖霊会の舞楽　南谷美保　2800円

遣隋使・遣唐使と住吉津　住吉大社編　2400円

やまと花万葉　片岡寧豊［文］・中村明巳［写真］　1800円

万葉を歩く　奈良・大和路　山崎しげ子［文］・森本康則［写真］　1500円

＊表示の値段は消費税を含まない本体価格です。